Seconda edizione
Dicembre 2025

In copertina:
Il ventre legislativo di Honoré Daumier

www.omband.net

Giovanni Messina

Abolire il suffragio universale

«O popolo irrequieto, incostante e sempre infido,
scontento e volubile come una banderuola,
sempre amante del torbido e del nuovo!
Tu fai come la luna che cresce e cala:
sempre largo di applausi che non valgono un soldo;
il tuo giudizio è falso, la tua costanza non regge alla prova,
ed è un gran pazzo chi si affida a te».

Geoffrey Chaucer, *Novella del chierico di Oxford*

Il presidente degli Stati Uniti, non dello *stato libero di Bananas*, appena eletto crea una criptovaluta a suo nome, *$TRUMP*, che secondo il *Financial Times* ha fruttato a lui più di trecento milioni di dollari in un mese circa e una perdita di un paio di miliardi a più di ottocentomila sagaci investitori. Solo quattro anni prima, a proposito delle criptovalute, dichiarava: «mi sembra una truffa». E non è detto che avesse torto. Per non saper né leggere né scrivere, anche la moglie ha seguito l'esempio del marito creando *$MELANIA*, che ha avuto, più in piccolo, la stessa parabola di quella del consorte. A settembre 2025 si sono messi in moto anche i figli, con *$WLFI*, che sembra destinato a seguire le stesse orme, avendo perso il 30 per cento del suo valore in meno di due mesi. Il capofamiglia si è intanto inventato il telefonino dorato a 500 dollari, con relativo servizio di telefonia a una cinquantina di dollari al mese, il profumo *Victory 45-47*, alla modica cifra di 250 dollari, compreso però di statuetta ugualmente dorata che lo raffigura, posta in cima al flacone, nonché una linea di orologi, il più costoso dei quali va a 100000 dollari. Per farla breve, dopo neanche un anno dall'inizio del suo secondo mandato, stando alle stime di *Forbes*, il suo patrimonio è quasi raddoppiato. Da qui ai prossimi tre anni è lecito attendersi una ampia gamma di prodotti. Questione di tempo, e arriveranno anche le pentole. Perché, alla fine, questa è l'essenza del personaggio. Se qualcuno gli facesse presente che in una democrazia occupare una carica politica significa servire lo Stato, non il contrario, probabilmente la prenderebbe come una barzelletta, di quelle che non fanno ridere. Parafrasando un famoso detto turco, quando un affarista si trasferisce nella residenza presidenziale, non diventa presidente, è la residenza che diventa un mercato.

Fino ad alcuni decenni addietro sarebbe apparso inconcepibile vedere il presidente americano trasformarsi in *brand* e sfruttare, lui e tutta la sua famiglia, in maniera tanto avida e spudorata la prima carica elettiva del paese; oggi non solo non ci scandalizziamo, ma quasi nemmeno ci sorprendiamo più, come non ci sorprendiamo più del vasto campionario di personaggi discutibili e caricaturali che un po' ovunque nel mondo accedono ai massimi vertici dello Stato. Spesso ne sorridiamo, come di fronte a una delle tante notizie grottesche che si leggono tutti i giorni, ma abbiamo smesso di scandalizzarci. Ci abbiamo fatto l'abitudine.

Ora, si possono avere idee politiche diverse, ma su un punto saremo d'accordo: la prima parte del XXI secolo non passerà alla storia come l'età dell'oro della democrazia. "Crisi della democrazia", "democrazia malata", "declino della democrazia" sono espressioni sempre più ricorrenti. Per quanto si ammetta la malattia, tuttavia, non sono molti gli interventi che provano a individuarne le origini e ancora di meno quelli che accennano a qualche cura. Sembra che si dia per scontato che la democrazia debba guarire e guarirà da sola, forse muovendo da un implicito atto di fede: siccome è la forma migliore di governo, può resistere a ogni minaccia e superare ogni pericolo.

Nel frattempo, la situazione peggiora. Lo testimoniano i sondaggi; lo si percepisce nei discorsi della gente comune. È un processo di sfaldamento che agisce in profondità e ne corrode le fondamenta. Per un crescente numero di persone essa non è più un valore. La maggioranza dei giovani inglesi tra i 13 e i 27 anni, secondo un rilevamento del *Times*, pensa che si vivrebbe meglio sotto una dittatura. Fino a poco tempo fa, chi avesse sostenuto una tale tesi si sarebbe attirato addosso i peggiori improperi; oggi è un'opinione come un'altra, e pure ampiamente diffusa.

Un recente studio francese sui cittadini europei evidenzia come solo per il 37 per cento la democrazia sia una scelta esclusiva. Secondo un'altra indagine condotta in 27 democrazie di tutto il mondo dal *think tank* statunitense *Pew Research Center*, il 51 per cento degli intervistati si dichiara insoddisfatto del funzionamento del sistema democratico.

Che la partecipazione alla vita democratica non sia in cima agli interessi dei cittadini, del resto, lo conferma, ancor più dei sondaggi, il progressivo abbassamento della percentuale dei votanti. Nel nostro paese, secondo i dati riportati sul sito pagellapolitica.it, alle elezioni politiche del 1983 l'affluenza è scesa per la prima volta sotto il 90 per cento; a quelle del 2013 sotto l'80; a quelle del 2022 ha votato poco meno del 64. Per non parlare delle amministrative, nelle quali ormai non di rado non si raggiunge nemmeno il 50 per cento.

Tale crescente disaffezione nei confronti delle istituzioni democratiche fa da apripista a movimenti antisistema guidati da personaggi carismatici e non troppo rispettosi delle regole, che contribuiscono a rendere sempre più concreta la possibilità che la democrazia non solo non guarisca, ma tramonti del tutto.

Poiché tali personaggi non pervengono al potere per grazia ricevuta, ma vengono eletti dalla maggioranza della popolazione attraverso il suffragio universale, riflettere sulla validità di quest'ultimo non è un'idea stravagante, quanto piuttosto un'opzione legittimata dal corso degli eventi. Se in una società democratica emergono, spesso in misura maggioritaria, delle istanze che negano i suoi valori fondanti, qualche domanda, anche scomoda, è doveroso porsela. Non credo che ignorare i sintomi di una malattia sia la strategia più intelligente e lungimirante per affrontarla.

L'obiettivo di questo *pamphlet* è mettere in discussione l'efficacia del suffragio universale, nonché la sua reale democraticità, evidenziando l'equivoco che ne è alla base e i paradossi che ne derivano, soffermandosi sugli argomenti portati in sua difesa e contro di esso e provando a rispondere ad alcune inevitabili domande: quanto sia ragionevole affidarsi al volere della maggioranza, se il diritto di voto sia da considerarsi un diritto fondamentale, quanto la sovranità popolare sia sostanziale oltre che formale e, infine, se questa democrazia possa ancora essere garanzia di libertà o non si stia trasformando in qualcos'altro senza che ce ne accorgiamo.

1. Il tabù del suffragio universale

Si può criticare il suffragio universale? Sulla carta, sì, si può. Nei fatti, la risposta non è così netta.

Parliamo del pilastro fondamentale dell'organizzazione politica della nostra società. Anche se non è vietato metterlo in discussione, è comunque una sorta di tabù. Significa porsi al limite di quello che si usa chiamare il civile dibattito, in quella variegata zona di confine popolata da teorie più o meno strampalate e da personaggi più o meno eccentrici. Non nella migliore compagnia, insomma.

Proprio come succede con un tabù, la questione sembra esulare dal dominio della razionalità. Quando qualcuno critica il suffragio universale, infatti, le sue argomentazioni passano in secondo piano. Quasi non vi si presta attenzione, non si entra nel merito delle tesi sostenute, perché il fatto stesso di criticare l'elemento costitutivo delle democrazie occidentali risulta talmente inconcepibile da far escludere a priori che possano esistere argomentazioni sufficientemente valide da renderlo giustificabile. Si viene immediatamente bollati come antidemocratici, additati più o meno come si sarebbe fatto nel medioevo con gli eretici. Fortunatamente senza le spiacevoli conseguenze cui andavano incontro questi ultimi.

Nella migliore delle ipotesi, una critica del suffragio universale la si prende per una provocazione, oppure per la *boutade* di qualche buontempone, o per scontati paradossi da sofista della domenica. Insomma, se va bene, una critica al suffragio universale non viene presa sul serio.

Il principio che sta a monte di questo moderno tabù è che decidere tutti insieme sia più giusto rispetto a quando a decidere sono in pochi o uno soltanto, il che in via di principio è indiscutibile, rimandando al sacrosanto principio di uguaglianza di tutti i cittadini. Tutti sono uguali di fronte alla legge; tutti, dunque, hanno il medesimo diritto di partecipare alle decisioni che riguardano la collettività. Criticare il suffragio universale equivarrebbe, per conseguenza, a negare quel principio di uguaglianza su cui si fondano le società moderne.

Questo è il ragionamento che comunemente si fa. In apparenza lineare, ma in realtà basato su un presupposto ingannevole, che cioè uguaglianza ed esercizio del voto siano due categorie che collimano. Se c'è uguaglianza, significa che tutti i cittadini possono votare; se tutti i cittadini votano, significa che sono uguali. Basta però rifletterci un attimo per rendersi conto che così non è.

Nella società contemporanea l'uguaglianza è, per così dire, inerente alla sostanza dell'essere uomo: tutti gli uomini sono uguali a prescindere dalle loro caratteristiche. Violava il principio di uguaglianza, per esempio, escludere le donne dalla magistratura, com'era in Italia fino al 1963, o la segregazione razziale, com'era negli Usa fino al 1964. L'esercizio del voto attiene invece a un suo accidente, presuppone cioè uno specifico percorso di apprendimento, dato che implica la capacità di discernere tra idee e proposte diverse. Se così non fosse voterebbe anche un bambino di dieci anni. Se si attende che abbia diciotto anni, è perché si suppone che col raggiungimento della maggiore età si sia compiuto quel processo di maturazione e di crescita intellettuale che consenta di effettuare scelte consapevoli.

Muovere delle critiche al suffragio universale e negare l'uguaglianza dei cittadini di fronte alla legge, quindi, non sono due facce della stessa medaglia, come sovente si è portati a credere, ma appartengono a due sfere ben distinte. Criticare il suffragio universale significa solo affermare che non tutti hanno competenze sufficienti per decidere in maniera ponderata sulla validità e sulla realizzabilità di una proposta elettorale, e che in mancanza di tali competenze, con le loro scelte possono nuocere ai destini comuni, senza con ciò per nulla inficiare l'uguaglianza tra chi ha competenze e chi non ce le ha.

Un medico e un pilota di aerei, per esempio, hanno acquisito competenze diverse. Sono uguali di fronte alla legge e godono dei medesimi diritti, in quanto cittadini, ma uno è competente nella diagnosi e nella cura delle malattie, quindi può decidere la terapia che il paziente dovrà seguire, mentre l'altro nel pilotaggio degli aerei, quindi ha la facoltà di prendere decisioni circa la rotta e le modalità di volo che reputa migliori per portare i passeggeri sani e salvi a destinazione.

L'uguaglianza si realizza nelle pari opportunità e nella tutela della libertà individuale e di tutti gli altri diritti inerenti alla persona. Il diritto di voto non c'entra nulla con tutto ciò. Per un motivo molto semplice: se gli uomini sono uguali per dignità, non lo sono per capacità e/o per interessi che coltivano. Come non tutti possono diventare medici o piloti, e molti pur avendone le capacità non sono interessati a svolgere tali professioni, allo stesso modo, non tutti possono o vogliono diventare elettori.

La critica del suffragio universale, dunque, non implica alcuna avversione verso le regole democratiche né, tanto meno, verso i valori che ne sono alla base, ma nasce piuttosto dall'amore per la democrazia, lo stesso di colui che possiede una preziosa opera d'arte e si preoccupa di adottare tutte le precauzioni necessarie per la sua conservazione. Solo chi ama e apprezza la democrazia capisce le condizioni in cui è precipitata nel portare Trump alla Casa Bianca.

2. Un intruso nella Dichiarazione universale dei diritti dell'uomo

Se il mio vicino esce tutto il giorno o se tutto il giorno sta a casa, esercita un suo diritto inviolabile di libertà di movimento e di residenza che non lede in alcun modo i miei diritti e sul quale non posso sollevare alcuna obiezione. Lo stesso dicasi se esercita il suo diritto alla libertà fumando tutto il giorno o alzando il gomito tutto le sere, a meno che poi parcheggiando non mi sfasci la macchina. Sono diritti contemplati insieme a molti altri nella *Dichiarazione universale dei diritti dell'uomo* e che hanno valore sempre e comunque, sia il mio vicino intelligente o stupido, bello o brutto, connazionale o straniero, ecc.

Diverso il discorso se esercita la professione medica senza possedere l'abilitazione. In tal caso il fatto mi riguarda perché sta violando una norma della comunità, inquantoché il diritto di esercizio dell'attività medica è subordinato allo svolgimento di un determinato percorso di apprendimento e alla verifica del possesso di determinati requisiti. La qual cosa non ha un valore semplicemente astratto, non significa, cioè, che interessa me poiché sono una persona che vuole far osservare le leggi e non un altro, che invece della corretta applicazione delle leggi se ne infischia. No, interessa me come in teoria dovrebbe interessare ogni altro cittadino, poiché ci tocca tutti anche come singoli soggetti, perché potenzialmente ognuno di noi potrebbe domani essere un suo paziente e veder per conseguenza non tutelato il proprio diritto alla salute.

Il nocciolo del problema, allora, è fondamentalmente uno: il diritto di voto richiede una competenza specifica oppure no? È assimilabile, cioè, alla capacità giuridica, a un diritto naturale, come il diritto alla vita o a un'esistenza dignitosa, che nessuno Stato democratico può negare ai propri cittadini, oppure è assimilabile a un diritto acquisito, quali sono la patente, il porto d'armi o il diritto di esercitare una professione, che i cittadini possono avere o non avere?

Credo sia palese e incontestabile che, implicando una responsabilità verso gli altri e richiedendo il requisito della maggiore età, l'esercizio del voto vada collocato in questa seconda categoria. Attraverso il voto, infatti, si determina il governo del paese, le cui scelte possono mandare in malora il mio diritto alla proprietà, il mio diritto al lavoro, il mio diritto alla sicurezza, ecc., allo stesso identico modo per cui un medico abusivo può mandarmi al cimitero.

A ben vedere, la stessa espressione "diritto di voto" è equivoca, prestandosi a generare fraintendimenti. Poiché, come detto prima, implica una responsabilità e presuppone l'acquisizione di una competenza sancita dall'età, si dovrebbe piuttosto parlare di diritto di accesso all'esercizio del voto, in questo senso sì, universale. Lo stesso, cioè, che hanno tutti di diventare medico o pilota.

Questo è il diritto fondamentale che assicura l'uguaglianza tra tutti i cittadini. Tutti possono diventare medico, pilota, ecc., e dunque, anche elettore. Contestare tale principio sarebbe un ragionamento antidemocratico, come lo sarebbe, per assurdo, vietare ai bianchi l'accesso alla facoltà di medicina o ai neri la cabina di pilotaggio.

Contestare invece il criterio con cui l'esercizio del voto viene assegnato, cioè come se fosse un diritto scontato che si acquisisce automaticamente al compimento dei diciotto anni prescindendo dalle capacità del soggetto, non solo non ha niente a che vedere con l'essere antidemocratici, ma è semmai indizio di senso civico, come lo sarebbe denunciare l'ente nazionale per l'aviazione civile se cominciasse a distribuire brevetti di volo a chiunque o la facoltà di medicina se si mettesse a vendere lauree.

Invece, la stranezza del "diritto di voto" sta proprio qui: è l'unico a essere considerato un diritto della persona pur avendo la natura di un diritto acquisito, del tutto simile a quelli che consentono l'esercizio di una qualsiasi professione o di determinate prerogative, come detenere armi o guidare auto.

Nel terzo comma dell'art. 21 della *Dichiarazione universale dei diritti dell'uomo* si annida un intruso: «La volontà popolare è il fondamento dell'autorità del governo; tale volontà deve essere espressa attraverso periodiche e veritiere elezioni, effettuate a suffragio universale ed eguale, ed a voto segreto, o secondo una procedura equivalente di libera votazione».

In realtà, l'esercizio del voto rientrerebbe in quanto previsto al comma secondo dello stesso articolo: «Ogni individuo ha diritto di accedere in condizioni di eguaglianza ai pubblici impieghi del proprio paese».

Ecco, uno stato democratico deve garantire condizioni di uguaglianza all'accesso a qualsiasi professione e allo svolgimento di qualsiasi attività. Siccome l'elettore è assimilabile a una professione, come tale andrebbe regolata. Una professione che si esercita saltuariamente, è vero, ma non per questo priva di impatto sulla vita della comunità, essendo gli effetti della sua scelta non saltuari, ma continuativi. Per la precisione, quotidiani. Fino alla fine della legislatura. E, nei casi più sfortunati, possono protrarsi anche dopo.

Non si discute che la volontà popolare sia il fondamento dell'autorità del governo né che tale volontà venga espressa attraverso elezioni periodiche e veritiere, con voto segreto, ecc., ma solo l'idea o, per meglio dire, il dogma, che tutti possano votare, come se il voto non richiedesse nessuna competenza e non implicasse nessuna responsabilità. I principi sono inattaccabili, è il modo in cui vengono applicati a essere irragionevole.

3. L'esclusione dall'esercizio del voto non è uno stigma e non è per sempre

Qualche ulteriore spunto di riflessione.

Innanzi tutto, sostenendo l'abolizione del suffragio universale non si vogliono segnare confini netti tra le persone. Non significa che da una parte ci sono gli uomini superiori e dall'altra gli inferiori. Per due motivi.

In primo luogo, avere maggiori competenze non si traduce in maniera automatica nel decidere sempre per il meglio. Un medico può sbagliare diagnosi e un pilota causare un incidente. Si tratta piuttosto di probabilità. Chi ha una maggiore conoscenza di una determinata materia ha molte meno probabilità di sbagliare rispetto a chi ne ha una minore o nessuna. Ragion per cui, pur consapevoli dell'esistenza di margini di rischio, ci affidiamo al medico se non stiamo bene e saliamo sull'aereo per viaggiare. In secondo luogo, non sono nemmeno indizio di una superiorità morale, in quanto possono anche essere impiegate contro la legge e/o contro l'etica. Un pilota può fare il corriere della droga e un medico può aggregarsi a un'associazione criminale che opera nel traffico d'organi.

Sembra pure banale ribadirlo, ma le competenze non rendono le persone migliori, le rendono solo più capaci. Nessuno biasimerà qualcuno perché non svolge la professione di medico, oppure quella di pilota, sebbene ci abbia provato. Tutt'al più, si dirà che non era un mestiere adatto a lui. La stessa cosa si potrà dire di chi non riesca a ottenere la qualifica di votante: vuol dire che non era cosa sua. Molti, del resto, lo riconoscono senza difficoltà: non capisco nulla di politica, dicono. Non è uno stigma.

Per alcuni reati è prevista l'interdizione dai pubblici uffici. Tale pena accessoria è comminata, nella maggior parte dei casi, in via temporanea. Stesso discorso dicasi per l'inabilitato, che per non nuocere a sé stesso o ai propri congiunti, per esempio per uso abituale di sostanze stupefacenti, vede la propria capacità di agire temporaneamente limitata. Ciò vuol dire che una volta decorsi i tempi indicati nella sentenza, nel primo caso, o una volta venuto meno il comportamento potenzialmente nocivo, nel secondo, entrambi i soggetti riacquistano pienamente i loro diritti.

Privare dell'esercizio del diritto di voto alcune persone non significa, dunque, che costoro non possano riacquistarlo domani. Colui che non ha la più pallida idea del funzionamento dello Stato potrà certamente tornare a esercitare il voto nel momento in cui dimostra di aver colmato le proprie lacune; chi si è venduto il proprio voto per venti o cinquanta euro, o per qualsiasi altra somma, può tornare a votare nel momento in cui ha dimostrato di avere a cuore il bene pubblico, magari prestando un anno di volontariato nella nettezza urbana o nella cura dei giardini pubblici, e così via.

È importante chiarire che non si contesta il suffragio universale per restringere la platea dei votanti in nome di una presunta superiorità di qualcuno nei confronti di altri. Lo ripetiamo a scanso di equivoci: tutti i cittadini conservano il diritto di partecipare alla vita politica del paese. Regolamentarne l'accesso è solo un passaggio necessario per realizzare un sistema elettorale nel quale tutti quelli che vanno a votare – e che si spera possano essere sempre di più – sappiano ciò che stanno facendo.

In ultima analisi, si tratta di mettersi d'accordo sul significato che vogliamo attribuire al suffragio universale. Se lo vogliamo intendere in senso sostanziale, cioè come l'effettiva partecipazione di *tutti* i cittadini alle decisioni che riguardano i destini del paese, dobbiamo essere consapevoli che stiamo parlando di un'utopia. Poco importa che il principio sia giusto. Se dico che la nostra società non può essere regolamentata dai principi del Vangelo, ma da leggi che prevedano sanzioni per le azioni malvagie e violente, non sto negando il valore del Vangelo, sto solo dicendo che è inadatto a regolare la società umana perché non tutti gli uomini agiscono in maniera corretta e pacifica. E così come non si può pretendere che *tutti* siano corretti e pacifici, non si può pretendere nemmeno che *tutti* i cittadini vogliano informarsi e interessarsi alla vita pubblica. Potranno essere sempre di più, ma non *tutti*.

Se invece vogliamo continuare a intenderlo com'è oggi, cioè una partecipazione puramente simbolica, un semplice tracciare un segno su una scheda, allora sono buoni tutti, è ovvio, anche chi non sa né leggere né scrivere. Inutile proseguire, ci possiamo pure fermare qui. In questo caso, però, è improprio affermare che il cittadino stia partecipando alle decisioni che riguardano lui e la collettività di cui fa parte, perché non c'è partecipazione senza conoscenza. È come sedersi al tavolo da poker o giocare a tressette senza minimamente conoscere le regole. Posso farlo, e buttare le carte come capita, ma quali saranno i risultati, è facile immaginarlo.

Il suffragio universale, come tutte le utopie, è certamente dettato da nobili ideali e può essere un faro che guida verso il progresso, ma non si può pensare che basti una legge per realizzarlo. Come succede con tutte le utopie – spesso l'abbiamo visto nella storia –, nel momento in cui si prova ad applicarle alla realtà si producono disastri.

La democrazia non si realizza consentendo a tutti di mettere una scheda nell'urna; la democrazia si realizza se chi mette la scheda nell'urna è consapevole del gesto che compie. Si muove da un presupposto assai semplice, ma che essendo il tema un tabù e quindi sottratto al vaglio della razionalità, non viene nemmeno preso in considerazione: il funzionamento delle nostre democrazie, come tutte le cose umane, è migliorabile.

4. La democrazia pura non esiste

Ma c'è ancora una tesi assai diffusa che in queste discussioni interviene a confondere le acque. Un sillogismo del tutto campato in aria, ma che, anche in virtù della perentorietà con cui viene spesso enunciato, non manca mai di seminare dubbi.

Si dice che abolire il suffragio universale significherebbe limitare la democrazia, la qual cosa equivarrebbe a cancellarla, poiché, si dice, una democrazia con dei limiti non è più tale.

Questo sarebbe vero se la nostra fosse una democrazia pura, ma non è affatto così. Quella che noi chiamiamo democrazia incontra in concreto tutta una serie di limiti.

Innanzi tutto, essa può esercitarsi solo per via rappresentativa. Nella nostra democrazia io ho solo la facoltà di delegare qualcuno a decidere in mio nome, anche se poi non sempre accade nella realtà che il rappresentante agisca secondo le aspettative del rappresentato.

Succederà che il mio delegato voti su uno o più provvedimenti in maniera contraria a come avrei fatto io. Né potrebbe supplire a tale *vulnus* l'obbligo di mandato, utile più ai capipartito, per tenere in pugno gli eletti e limitare ancor più la democrazia, piuttosto che agli elettori. In teoria, infatti, potrei essere io elettore a cambiare idea su alcuni temi o a discostarmi da una determinata linea politica e non sentirmi più rappresentato dal mio delegato, senza per ciò poter modificare il suffragio già espresso fino alle successive elezioni.

È chiaro che l'unica vera democrazia è la democrazia diretta.

Sfortunatamente, in uno stato di sessanta milioni di cittadini non è nemmeno lontanamente immaginabile. Il partito che in Italia in anni recenti se ne è fatto promotore, in spregio a ogni buon senso, ha sfornato un prodotto che si è rivelato per certi aspetti non solo il contrario della democrazia diretta, ma della democrazia *tout court*.

La democrazia soggiace inoltre ad innumerevoli altri limiti. I referendum, per esempio, strumento democratico per eccellenza, non possono avere ad oggetto trattati internazionali o alcune questioni di politica economica.

La *ratio* di tali norme, che troviamo più o meno simili nelle principali democrazie occidentali, è evidente. L'opinione popolare è reputata troppo volubile, tende a pronunciarsi sotto l'onda dell'emotività, non è ritenuta affidabile. Oggi per sentirsi più sicura voterebbe l'ingresso in un'alleanza militare; domani, al primo morto, voterebbe l'uscita; dopodomani, alla prima minaccia di una potenza ostile, voterebbe di nuovo l'ingresso, ecc. Ora, si capisce che un'alleanza militare sviluppa una sua strategia nell'arco di decenni, non si montano e smontano installazioni militari come tende da campeggio e uno Stato non può fare entra ed esci ad ogni soffio di vento.

Lo stesso dicasi delle questioni economiche. Gli accordi economici internazionali, per fare un altro esempio, non puoi modificarli a seconda di come ti svegli la mattina o di quanto hai incassato la sera prima.

Ma anche nella stessa organizzazione dello Stato, la democrazia è, per così dire, incanalata entro rigide disposizioni. Un esempio è costituito dalle modifiche costituzionali, per le quali una votazione a maggioranza semplice non è ritenuta sufficiente. Bisogna osservare un preciso iter, seguito pure da referendum confermativo qualora la nuova norma non sia stata approvata con maggioranza qualificata.

Chi dice dunque che la democrazia non può essere limitata per sua natura e che limitarla significherebbe cancellarla, utilizza un argomento del tutto privo di fondamento: perché la democrazia limitata lo è già. Anzi, non può funzionare se non grazie a tali limiti.

Abolire il suffragio universale, quindi, non significherebbe affatto macchiare, snaturare o addirittura cancellare la democrazia, ma solo introdurre un ulteriore correttivo, oltre a quelli vigenti, con lo stesso scopo di questi ultimi, cioè favorire un suo migliore funzionamento.

Il discorso potrebbe pure apparire paradossale, ma in realtà il paradosso, che non osiamo vedere pur essendo davanti ai nostri occhi più nudo del re della fiaba, è insito nel suffragio universale. Se sono incapace di intendere e di volere non posso nemmeno comprarmi una vespa, anzi, non posso nemmeno guidarla se me la regalano, ma posso contribuire all'elezione di un parlamento legittimato a decidere che quelli nella mia stessa condizione non possono guidare una vespa; non dispongo degli strumenti legali per decidere del mio destino, ma posso dirigermi verso la cabina elettorale per contribuire a determinare i destini della nazione, così, allegramente, come se mi recassi a una sagra.

5. I curiosi argomenti a difesa del suffragio universale

Detto ciò, e chiarito che qui l'obiettivo non è negare il valore della democrazia, bensì l'assurdità del suffragio universale che sempre più nuoce alle società democratiche, veniamo agli argomenti comunemente portati dai suoi difensori.

Il presupposto da cui di solito essi muovono è che siccome nel corso del Novecento il suffragio universale è stato una conquista delle classi più deboli, metterlo in discussione significherebbe voler escludere nuovamente quelle stesse classi sociali dalla vita politica e dalle decisioni riguardanti la cosa pubblica, riportando indietro le lancette della storia.

Questo è un modo di affrontare la questione palesemente anacronistico. Si ragiona, cioè, sulla base delle stesse categorie di un secolo addietro. Se infatti un tempo il sapere fu esclusivo appannaggio delle classi dominanti, tanto da potere identificare nella cultura uno strumento di oppressione, oggi non è più così.

L'avvento dell'istruzione di massa ha progressivamente eroso questo privilegio, sganciando il sapere dal potere economico e politico. Basta confrontare il tasso di istruzione dei rappresentanti eletti nel primo parlamento repubblicano con quello degli eletti negli ultimi decenni per rendersene conto. I laureati sono scesi dal 91 a una percentuale oscillante tra il 65 e il 75 per cento, mentre la popolazione in possesso di un titolo universitario è passata dall'1,5 al 22 per cento.

È risaputo che l'ignoranza e l'analfabetismo funzionale non collimano più con una classe sociale, ma sono ormai trasversali.

Il binomio istruzione/classi agiate è venuto meno da tempo. Ci sono ricchi di un'ignoranza raccapricciante e persone di modesta estrazione molto colte. Oggi la cultura è plurale e non più subordinata al potere.

Chi vede nella critica al suffragio universale un ritorno all'antico, muove chiaramente da categorie obsolete. Una sua eventuale abolizione non avrebbe una particolare valenza classista, ma colpirebbe in egual misura abbienti e meno abbienti.

Non si vuole con ciò negare che persistano delle sacche sociali di estremo disagio nelle quali l'accesso all'istruzione rimane fortemente limitato, ma in questo caso si tratterebbe di dare concreta applicazione all'articolo 3 della nostra Carta costituzionale, correggendo quelle diseguaglianze che stanno alla base di tali limitazioni. Non si risolve certo il problema con l'attribuzione del diritto di voto, visto che la penalizzazione culturale ed economica si esprimerà in maniera ben più grave nell'impossibilità di accedere a determinate professioni o di intraprendere determinate carriere. Senza contare che questo tipo di elettore è quello che può essere più facilmente "guidato" e portato addirittura a votare contro i suoi stessi interessi.

Probabilmente muovono dal suddetto anacronismo – classi dominanti colte e classi oppresse ignoranti – coloro che credono ingenuamente che le *élite* dominanti tramino per abolire il suffragio universale al fine di tenere in pugno le nazioni.

In realtà, le *élite* dominanti non sono mai state più tranquille e non hanno mai dominato più a loro agio di quanto facciano oggi. Non correranno il rischio che un tiranno venga a mettergli le mani in tasca o a spogliarli dei loro averi, né che un popolo in rivolta li conduca alla ghigliottina. Non hanno alcun motivo, dunque, per cambiare un sistema nel quale continuano a spadroneggiare e a prosperare. L'obiettivo che giorno dopo giorno perseguono è piuttosto aggirare la democrazia e le sue regole, che apertamente disprezzano, non il suffragio universale, che le mette invece nelle condizioni di poterlo conseguire.

Il ragionamento è semplice e ci ritorneremo pure alla fine. Un elettorato incompetente produce una classe dirigente mediocre – come già osservava John Stuart Mill oltre un secolo addietro –, incapace di una visione a lungo periodo e che, consapevole della propria mediocrità, si preoccupa soltanto di non urtare gli umori variabili della folla e di assicurarsi il favore dei potenti, limitandosi ad eludere ogni questione potenzialmente capace di creare instabilità. Ne risultano governi deboli che i potentati economici possono influenzare e indirizzare a loro piacimento, con le buone o con le cattive.

Altri invece temono che restringendo la platea dei votanti si minerebbero le basi di quella sovranità popolare faticosamente conquistata.

In realtà, una regolamentazione dell'esercizio del voto non nega la legittimità della volontà popolare come fondamento dello Stato, ma solo che il potere trovi la sua legittimità nell'ignoranza o nella stupidità, o in entrambe, perché questo il suffragio universale oggi è: un assegno firmato in bianco a beneficio di ignoranza e stupidità.

Anzi, siamo esattamente agli antipodi di quella antica visione antidemocratica evocata dai difensori dell'attuale sistema elettorale. Quella, infatti, mirava a mantenere il popolo nell'ignoranza per precludergli l'accesso alle leve del potere, questa auspica al contrario che possa acquisire gli strumenti per esprimere – se interessato – un voto consapevole.

Non solo a tutela del bene della collettività, ma anche a tutela dello stesso ignorante. Come si impedisce allo sprovveduto di cadere vittima del truffatore, così si protegge l'ignorante o lo stupido dall'essere abbindolato dal demagogo di turno. Né più né meno, per tornare all'esempio di prima, di come si protegge attraverso l'interdizione un cittadino incapace di gestire il proprio patrimonio e che finirebbe altrimenti per dilapidarlo, con la sola differenza che attraverso il voto il cittadino incapace non provoca solo la sua rovina ma contribuisce a causare anche quella dell'intera collettività. Il principio della sovranità popolare non viene affatto sminuito, ma, al contrario, rafforzato.

6. I difensori a oltranza del suffragio universale

Ma chi sono oggi i più accaniti difensori del suffragio universale?

Qui entriamo in un capitolo nel quale il sospetto è d'obbligo. Sebbene il suffragio universale annoveri tra i suoi difensori molti sinceri democratici, quelli che si distinguono per i toni più battaglieri e, diciamolo pure, anche più sguaiati, sono i rappresentanti degli ambienti più reazionari. Sì, proprio gli eredi di quelli che verso la democrazia mostravano il massimo disprezzo. Non una destra moderata e responsabile, categoria peraltro in via di estinzione, se non estinta del tutto, ma quella più estremista e demagogica.

È risaputo che il suffragio universale fu un tempo osteggiato proprio da quegli ambienti più tradizionalisti che in esso vedevano un simbolo di decadimento e manifestavano il rimpianto per il tramonto di una società basata sul dominio di pochi privilegiati. Anzi, l'ostilità verso il suffragio universale era proprio il loro tratto distintivo. Lo abbiamo visto in Italia, nonostante venti anni di dittatura e la rovina del conflitto mondiale verso cui ci ha condotto, quanto sia stata faticosa e difficile l'avanzata della democrazia nel dopoguerra e quante volte essa sia stata subdolamente insidiata con azioni di destabilizzazione e minacce non troppo velate di golpe.

Eppure, in merito al suffragio universale, è un dato di fatto come negli ultimi decenni gli eredi di quei signori abbiamo effettuato una vera e propria inversione a U. Ma siccome è lecito dubitare dell'autenticità di tale conversione sulla via della democrazia in chi ancora oggi a dispetto dei libri di storia fatica a celare, e certe volte non cela affatto toni nostalgici, viene normale pensare che dietro i loro proclami democratici vi sia il personale tornaconto.

La spiegazione di questo radicale cambiamento non richiede indagini particolarmente minuziose. A suo modo segue un principio di elementare senso pratico: se puoi ottenere qualcosa con le buone, non serve ricorrere alle maniere forti.

Ora, che una massa di ignoranti sia facilmente manovrabile non è un'affermazione che necessiti di molti argomenti a suo sostegno. Qualsiasi docente di seconda media non avrà alcuna difficoltà a condizionare i suoi alunni; sarà un po' più difficile con gli alunni di seconda superiore e ancor più difficile con gli studenti del secondo anno di università. Ebbene, un interessante studio condotto negli Stati Uniti sul linguaggio adottato dai candidati alla Casa Bianca ha evidenziato come per terminologia e concetti utilizzati esso rifletta il livello di un alunno di dodici anni.

Ma senza spingerci fin negli Stati Uniti, un politico nostrano, ai tempi della sua famigerata discesa in campo, se ne uscì dicendo che dodici anni è l'età media dell'opinione pubblica. Ove ce ne fosse bisogno, i suoi successi gli hanno dato ampiamente ragione.

Nel *Gorgia*, Platone aveva ben riassunto la questione, contrapponendo la retorica, assimilata all'arte culinaria, alla politica, assimilata alla medicina. Nella democrazia, scriveva, è come se pasticceri e medici si contendessero l'approvazione di un tribunale composto da bambini. L'esito è scontato. Nessuno affiderebbe la gestione della casa a un bambino di dodici anni, ma col suffragio universale gli affidiamo la gestione della nazione.

Ecco perché il reazionario, quello che si batte per restringere i diritti dei cittadini, quello che un tempo avrebbe battuto la strada del colpo di stato, oggi è invece il primo paladino del suffragio universale. Sa che esso è il terreno più propizio per ogni forma di demagogia. Se fosse vissuto oggi, Mussolini non avrebbe avuto alcun bisogno di instaurare una dittatura. Gli sarebbero bastate un paio di televisioni, e probabilmente non avrebbe avuto nemmeno motivo di lagnarsi della difficoltà di governare gli italiani.

Chiudendo quindi il discorso, quando vediamo quelli disinvoltamente passati dal culto del manganello al culto della democrazia accusare gli altri di essere antidemocratici, o snob che non rispettano la volontà popolare, ebbene, stanno solo seguendo la via più semplice per portare acqua al proprio mulino. Sanno che rivolgendosi a bambini di dodici anni possono dormire sonni tranquilli.

Per contro, quanto è più facile per il demagogo rivolgersi a tale pubblico, tanto diventa più difficile per il politico serio. Questi, infatti, sarà penalizzato se sviluppa un ragionamento, se prova a illustrare un'idea o se usa una terminologia idonea a studenti di seconda superiore.

Insomma, non ha speranza di spuntarla. A meno che non scenda al livello dell'altro, mettendo da parte ogni discorso appena appena più articolato. Ecco perché, gradualmente, all'interno dell'agone politico si va producendo una sorta di selezione naturale verso il basso, rimane spazio solo per i demagoghi. Non più solo di destra, ma anche di sinistra, di centro e, ultimamente, anche trasversali, quelli che stanno "oltre", "al di là", ecc.

Ogni elettore dotato di un minimo di indipendenza di pensiero potrà confermare questo inarrestabile declino. Non si vota più per il migliore, ma per il meno peggio, che è a sua volta il meno peggio nella selezione precedente, e sempre più spesso il meno peggio finisce con l'essere tanto simile al peggio che si fa pure fatica a distinguerlo.

Così, se ne va Trump e gli subentra Biden. Ma è possibile che in un paese come gli Stati Uniti non vi sia una persona più capace, più saggia e, diciamolo pure, più lucida di Biden?

Credo di non esagerare nel dire che ce ne saranno migliaia,

più probabilmente decine e decine di migliaia. Allora come mai a occupare il massimo ufficio del paese si ritrova Biden, e poi di nuovo Trump, e poi forse Musk, o il figlio di Trump, oppure un telepredicatore pazzo fuoriuscito dallo schermo, e così via?

La risposta è facile: perché li vota la maggioranza.

7. Critica progressista del suffragio universale

A parte qualche neonazista convinto o qualche scappato di casa di incerta estrazione, oggi la critica al suffragio universale arriva maggiormente dal versante progressista, da chi cioè auspica una società più giusta, nella quale ci siano più diritti, in cui ci sia maggiore uguaglianza – uguaglianza vera, non solo sulla carta –, una società di persone che abbiano gli strumenti per decidere consapevolmente del proprio destino.

La mancanza di tali strumenti (sarà bene insistere su questo punto) non è più legata in maniera netta come fu in passato all'appartenenza a una determinata categoria sociale. Oggi la troviamo anche in molti che vivono in condizioni economiche discrete o anche agiate, perché sempre più trasversale è il rifiuto dell'istruzione, vista come qualcosa che non genera benefici economici e quindi inutile.

Nella critica del suffragio universale da un punto di vista progressista, allora, è importante tornare a evidenziare l'obiettivo verso cui ci si muove: non il restringimento del diritto di voto, bensì quello di ampliarne la consapevolezza.

Privare qualcuno del diritto di voto è solo il primo passo per permettergli di esercitarlo coscientemente domani. Come togliergli provvisoriamente dalle mani il suo capitale per salvaguardarlo e restituirglielo quando sarà in grado di amministrarlo. La conseguenza del voto di un ignorante o di uno sprovveduto, di un voto esercitato senza cognizione alcuna, infatti, è quello di ingrossare le reti dei vari demagoghi, i quali, a loro volta, per continuare a intercettare il suo voto avranno tutto l'interesse a mantenere quell'elettore nell'ignoranza. Il suffragio universale giova solo a costoro. Sono loro i suoi più accesi sostenitori perché solo grazie ad esso possono avere accesso alle cariche pubbliche. Eliminare il diritto di voto di quegli elettori significa tog4lier loro il terreno da sotto i piedi e poter quindi favorire dei governi che, a differenza dei demagoghi, non abbiano nulla da temere dalla crescita culturale della popolazione. Paradossalmente, infatti, questa democrazia è il sistema migliore per impedire al popolo di esercitare il suo potere, non potendo esserci libero esercizio del voto senza consapevolezza.

La storia del Novecento ci ha offerto numerosi esempi della vulnerabilità dell'elettore che non dispone degli strumenti per compiere una scelta ponderata. L'esempio più tristemente noto è quello avvenuto nella Germania di Weimar. Hitler conquistò la ribalta politica grazie a quel 33 per cento di tedeschi che lo ritenne l'uomo più adatto a guidare i destini della nazione.

Era possibile nel 1932 avere un'idea delle nefaste conseguenze che da tale scelta sarebbero derivate al popolo tedesco e al mondo intero?

Io credo di sì. Forse non nella misura esatta che si potrà constatare qualche anno dopo, ma comunque era possibile farsi un'idea del personaggio che si candidava a guidare il paese. Chi avesse letto il suo manifesto politico, chi avesse ascoltato con attenzione i suoi proclami e chi avesse conservato memoria o avuto conoscenza dei suoi trascorsi avrebbe potuto se non altro dubitare della bontà di tale scelta. Ma per sapere tutto ciò occorreva leggere, prestare attenzione e conservare memoria del passato. Requisiti difficili da trovare in buona parte degli elettori, allora come oggi.

Così, grazie al sistema democratico, venne eletto un signore che la democrazia aveva esplicitamente dichiarato di voler cancellare. Quel 33 per cento della popolazione – ed è questo il guaio di quando gli incompetenti vengono chiamati a votare – non solo nocque a sé stesso, ma a tutta la Germania e al mondo intero.

Abbiamo poi un secondo tipo di difensori di questa democrazia, quelli cioè che la difendono non per opportunismo, perché vi si ingrassano, come quegli altri menzionati sopra, ma perché ci credono veramente.

Sono sinceri democratici, condividono gli stessi valori di quei progressisti che la criticano, ma rifiutano categoricamente la possibilità di metterla in discussione. Sono quelli di cui si diceva all'inizio, per i quali criticare il suffragio universale è un tabù. Li anima una fede incrollabile, direi quasi cieca, nella volontà popolare. Che essa non vada limitata in alcun modo è per loro un dogma che non si può mettere in discussione, una specie di Trinità laica. Anche se domani gli elettori affidassero il potere a Gatto Silvestro – e non manca molto –, rifiuterebbero di ammettere che qualcosa non va. Direbbero che la sovranità popolare è sacra e bisogna accettarla sempre e comunque.

Contro costoro non vi sono argomenti. Tutte le obiezioni, scrive Le Bon, "perdono praticamente tutta la loro forza, se vogliamo ricordarci della potenza invincibile delle idee trasformate in dogmi. Il dogma della sovranità delle folle è, dal punto di vista filosofico, così poco sicuro quanto i dogmi religiosi del Medioevo, ma esso ha di questi, oggi, l'assoluta potenza. Esso è dunque inattaccabile come già lo furono le nostre idee religiose. Supponete un libero pensatore moderno trasportato per un potere magico in pieno Medioevo. Credete voi che di fronte alla potenza sovrana delle idee religiose che allora regnavano, egli tenterebbe di combatterle? Caduto nelle mani di un giudice, che volesse farlo ardere sotto l'imputazione di aver concluso un patto col diavolo, o frequentato il sabba, avrebbe egli pensato a contestare l'esistenza del diavolo o del sabba?"

Ecco, a me piacerebbe invece portare questi strenui sostenitori del suffragio universale nella Germania del 1932, alla vigilia di quelle elezioni cui si faceva riferimento prima. Chissà, se sapendo tutto quello che sarebbe accaduto dopo, difenderebbero il diritto del popolo tedesco a votare col suffragio universale.

Il ragionamento è puramente ipotetico, ma dubito che pagherebbero alla coerenza un tributo stimato in 40 milioni di morti. Conoscendo il seguito, direbbero che forse, sì, in certi casi, non è un'eresia mettere qualche paletto alla sovranità popolare. Chissà, magari arriverebbero a dire che il popolo non è sempre affidabile, e che i principi sono sacri, per carità, ma che non si può nemmeno morire di principi.

Perché allora questi democratici rimangono oggi così fermamente barricati dietro i principi?

Probabilmente perché possiamo permettercelo. O pensiamo di potercelo permettere. I danni prodotti dagli eletti non sono tanto grandi da risultare irreversibili. Nessuno teme l'avvento di un nuovo Hitler. Quindi, alla fine, ce ne facciamo una ragione se a guidare il paese viene eletto un malfattore, un incapace o persino un clown. Ci si arma di buona pazienza e si sta lì ad aspettare che finisca il suo mandato, sperando che faccia il meno danni possibile, per adoperarsi poi nel porvi rimedio.

Oggi si elegge un Bolsonaro. Non sarà un nuovo Hitler, certo, ma intanto favorisce la distruzione della foresta amazzonica. Aspettiamo che vada via. Ma quando va via che facciamo? Chi la ripianta, la foresta amazzonica?

Oggi si elegge un guerrafondaio che scatena una guerra in Libia. Bene, il guerrafondaio finisce il suo mandato e se ne torna nel suo appartamento al *16e arrondissement* ad affrontare i suoi processi, e tutt'al più si fa qualche giorno alla *Santé*. E dei disastri, dei profughi, dei morti che lui e i suoi sodali si sono lasciati dietro che ne facciamo? chi se ne occupa?

Non solo non si dovrebbe dare a una massa di sprovveduti la possibilità di eleggere un altro Hitler, ma nemmeno di eleggere individui di questo tipo, che invece sempre più spesso vediamo ai massimi vertici degli Stati.

Regolare il diritto di voto dovrebbe essere la priorità numero uno della nostra società. Invece, qualche stupido di sinistra (uso il temine nel senso neutrale – o relativamente neutrale – in cui lo intende Carlo Maria Cipolla, cioè "colui che reca un danno agli altri senza portare beneficio a sé stesso") parla addirittura di estendere il voto ai sedicenni. Non so se sia concepibile per intero l'immensità della baggianata.

Le statistiche ci dicono che un terzo dei neodiplomati non sa praticamente nulla di ciò che è accaduto dopo la Seconda guerra mondiale (e il rimanente non sta messo molto meglio), che la metà non sa distinguere i tre poteri dello Stato e che circa il 40 per cento fatica a comprendere un testo in italiano di media difficoltà, e c'è qualcuno che pensa di far votare pure i sedicenni. Veramente, di fronte a tali uscite non si hanno più parole. Certe volte si ha proprio l'impressione di andare contro i mulini a vento.

8. Il paradosso della gestione del bene pubblico

Ogni ramo dell'organizzazione umana si basa sul principio della selezione del più competente operata da persone a loro volta competenti. L'unico a fare eccezione è proprio il più importante, la gestione del bene pubblico, cioè proprio quello dove la selezione dovrebbe essere più rigorosa. Nessuno negherà infatti che le scelte operate da un governo abbiano effetti importanti sulla vita di tutti. Una politica economica sballata può portare lo Stato alla bancarotta con conseguente impoverimento di tutti i cittadini; una politica estera avventata può portare il paese in guerra, con tutti gli inconvenienti che questa comporta; ecc.

Se si riflette un attimo su ciò, l'istituto del suffragio universale appare come qualcosa di veramente inconcepibile. Un po' come se in una nave tutte le mansioni venissero assegnate attraverso un'accurata selezione, e poi il posto di comandante potesse essere occupato dal primo venuto.

L'esempio emblematico di questa assurdità è il diritto di voto assegnato anche agli infermi di mente. L'articolo 48 della Costituzione italiana recita: «Il diritto di voto non può essere limitato se non per incapacità civile [gli interdetti e gli inabilitati per infermità di mente] o per effetto di sentenza penale irrevocabile o nei casi di indegnità morale indicati dalla legge.» Tuttavia, nel 1978 la legge Basaglia, peraltro meritoria sotto molti altri aspetti, ha eliminato tale divieto.

Lo spirito della legge, si capisce, è quello di rimuovere ogni barriera che renda il malato mentale un diverso. Ma qual è il senso di assegnargli il diritto di voto? In che modo giova alla sua dignità quello che è un diritto molto particolare, che certamente una persona con gravi problemi mentali non può esercitare consapevolmente?

Sono altre le condizioni che assicurano al malato mentale la piena uguaglianza con gli altri cittadini: poter beneficiare di tutte le cure e le attenzioni di cui necessita, che evidentemente sono diverse da quelle del resto della popolazione, vedere riconosciuta la propria dignità, ecc. Non certo compiere un atto che è per lui del tutto privo di significato, e che probabilmente compirà manovrato da un'altra persona, rafforzando semmai in questo modo la sua condizione di subalternità e diversità.

Molto difficile ricostruire il percorso logico che ha portato ad associare o a far dipendere anche il rispetto della dignità del malato mentale dal diritto di voto. Molto difficile spiegare perché ciò venga visto, come molti lo vedono, come un progresso democratico e civile, quando nella sostanza è semplicemente un'iniziativa senza capo né coda.

Nessuno di noi farebbe fare la fine di Gregorio Samsa a una persona cara colpita da una malattia psichica grave, ma se ne prenderebbe cura e si adopererebbe in tutti i modi per alleviargliene il peso. Nello stesso tempo, però, nessuno le darebbe le chiavi della macchina. Si chiama responsabilità civile. Non è esponendola al rischio di nuocere a sé stessa e alla comunità che tuteliamo la sua dignità.

D'altro lato, è abbastanza evidente che questo *progresso* democratico e civile sopra menzionato non ha interessato il Codice della strada, secondo il quale "chi è affetto da malattia psichica o da minorazione psichica" non può conseguire la patente di guida.

Il diritto di voto, invece, non conosce limitazioni. È come se fosse completamente deresponsabilizzato. Un gesto privo di qualsiasi implicazione e importanza. Il modo più a buon mercato che ci sia per far trionfare un malinteso concetto di uguaglianza.

Italo Calvino affronta la questione nel romanzo breve *La giornata di uno scrutatore* ambientato all'istituto Cottolengo di Torino. Il protagonista si domanda come si possa permettere a un idiota (il romanzo è dei primi anni Sessanta, il politicamente corretto era di là da venire) di votare. «…ogni volta si davano casi di idioti portati a votare, o vecchie moribonde, o paralizzati dall'arteriosclerosi, comunque gente priva della capacità di intendere. Fioriva, su questi casi, un'aneddotica tra burlesca e pietosa: l'elettore che s'era mangiato la scheda, quello che a trovarsi tra le pareti della cabina con in mano quel pezzo di carta s'era creduto nella latrina e aveva fatto i suoi bisogni…»

Nel libro lo scrittore può permettersi di fornire una risposta meramente letteraria, sostenendo che alla fin fine se l'evoluzione umana si fosse arrestata al livello del Cottolengo, saremmo tutti sullo stesso piano e nessuno parlerebbe «di minorati, di idioti, di deformi, in un mondo interamente deforme». Oppure, in un mondo mitico di giganti esistito un tempo saremmo noi «senza rendercene conto, deformi, minorati, rispetto a una diversa possibilità d'essere, dimenticata…»

Il protagonista del libro trova più avanti conforto a tale riflessione nei *Manoscritti* di Marx: «L'universalità dell'uomo appare praticamente proprio in quella universalità che fa dell'intera natura il corpo inorganico dell'uomo, sia perché essa 1) è un mezzo immediato di sussistenza, sia perché 2) è la materia, l'oggetto e lo strumento della sua attività vitale». Può quindi concludere che «la totalità delle cose – natura e industria – diventa umana, e anche l'uomo menomato, l'uomo-Cottolengo (ossia, nella peggiore delle ipotesi, l'uomo) è reintegrato nei diritti del genere umano in quanto usufruisce di questo corpo totale».

La soluzione letteraria e filosofica del problema fornita da Calvino, tuttavia, non ci viene in soccorso in *questo* mondo, più in particolare nell'azione specifica dalla quale possono derivare conseguenze gravi per tutta la comunità.

Ci aiuta però a capire il sentimento che sta a monte dell'errore, cioè, essere prigionieri di una visione manichea, per cui da una parte c'è l'uguaglianza, totale ed assoluta, dall'altra "Sparta e Hitler", per usare il binomio citato da Calvino nel suo libro («che sopprimevano idioti e deformi»). È chiaro che in tale prospettiva ogni minima ombra viene vista come se ci portasse automaticamente nel campo di Sparta e Hitler. Per fare bella figura, dunque, si è dato il diritto di voto all'infermo di mente, per non scalfire questa idea di uguaglianza piena e perfetta, basandosi sull'errato presupposto che si tratti di un diritto fondamentale e traendo l'errata conclusione che non nuoccia a nessuno.

In realtà, come detto, si tratta di un'uguaglianza del tutto illusoria. L'infermo di mente non gode degli stessi diritti. Non può prendere la patente, non può entrare nella polizia, non può insegnare a scuola, ecc. Il diritto di voto non lo rende più uguale (semmai, pensando alle scene raccontate nel libro, accentua la sua diversità), né privandolo di esso si lederebbe la sua dignità di persona, non sarebbe certo questo passo a portarci nel campo di Sparta e Hitler.

Intanto, qualora in caso di guerra si trattasse di decidere tra due partiti, uno favorevole e l'altro contrario, e qualora a fare la differenza fossero un migliaio di voti, un migliaio di incapaci di intendere e di volere sarebbe l'ago della bilancia che fa entrare il paese in guerra. Chi non può fare un prelievo in banca o guidare un'auto potrebbe essere decisivo per i destini della Nazione. Non succederà, certo. È una possibilità puramente teorica, ma il fatto stesso che la norma lasci aperta questa possibilità dovrebbe essere motivo di riflessione, perché laddove la norma vuol essere perentoria afferma: "non può conseguire la patente di guida".

Si dirà che chi fa le guerre non è molto più assennato, e l'osservazione è pertinente. Infatti, proprio qui si vuole andare a parare, proprio di questa maggioranza ci stiamo occupando. Il caso dell'infermità mentale ha solo valore paradigmatico. È l'iperbole per dimostrare come il doppio equivoco sopra menzionato stia alla base del suffragio universale.

Analogo esempio, del resto, è quello del condannato per

alcune tipologie di reati, che una volta scontata la sua pena può tornare a votare, ma non può, per esempio, ottenere il porto d'armi. In molti ambiti non può partecipare a concorsi pubblici, a meno che non sia intervenuta la riabilitazione, e in alcuni nemmeno in questo caso.

Sono norme che hanno una propria *ratio*. Se è vero che una volta saldato il proprio debito con la giustizia, uno che era stato condannato per rapina a mano armata o omicidio torna a essere un cittadino come gli altri, è anche vero che un cittadino come gli altri non è, e anche se in carcere ha compiuto miracoli, è più probabile che venga proclamato beato piuttosto che essere assunto nella polizia o in magistratura. Un condannato per corruzione, invece, tornerà tranquillamente a votare una volta uscito dal carcere (sempre che abbia avuto la sfortuna di entrarvi), come tornerà a votare uno che è stato sorpreso a vendere il proprio voto.

Sappiamo bene come leggi scritte e buon senso non sempre vadano d'amore e d'accordo, ma quando si parla di suffragio universale, più che andare contro il buon senso, lo si prende proprio a pesci in faccia.

9. La maggioranza non capisce niente

Torniamo alla maggioranza. Quella che le guerre le sostiene nei fatti, il più delle volte senza minimamente capirne la ragione, e che molto più assennata di quelli di cui si parlava prima non è.

Assodato che limitare l'esercizio del voto non lede in alcun modo il principio di uguaglianza dei cittadini, come non lo viola concedere il brevetto di pilota al candidato meritevole e negarlo a quello non sufficientemente preparato, rimangono altri argomenti a sostegno del suffragio universale.

In primo luogo, il bene comune. Chiamare alle urne la totalità dei cittadini tutelerebbe una pluralità di interessi, o avrebbe molte più probabilità di tutelarla, rispetto a quando a decidere sono in pochi o uno soltanto, che potrebbero invece tutelare gli interessi di pochi o addirittura di uno soltanto. La superiorità del suffragio universale consisterebbe quindi nella maggiore possibilità di avvicinarsi al contemperamento di quella varietà di interessi che caratterizza ogni società.

In secondo luogo, la ragionevolezza della scelta. Più cresce la platea di coloro che sono chiamati a esprimersi, più ci si dovrebbe avvicinare a un ideale di medietà. Si basava su questo ragionamento Condorcet, affermando che ci sono più probabilità che l'aumento dei votanti porti a una maggiore saggezza della scelta. La stessa cosa che oggi ci dice la statistica: più aumenta il campione preso in esame, più diminuisce la forbice dell'irragionevolezza.

Bene comune e ragionevolezza, dunque. Il discorso è lineare.

O meglio, sembrerebbe lineare. Sfortunatamente se andiamo a vedere la realtà scopriamo che non è così. I due presunti vantaggi sono solo teorici. Nella pratica le cose vanno nella direzione esattamente contraria, e non è nemmeno difficile individuarne i motivi.

Innanzi tutto, per salvaguardare i propri interessi bisogna conoscerli. Se il 70 per cento della popolazione non ha gli strumenti per vivere da cittadini consapevoli del terzo millennio (come risulta dall'indagine Ocse-PIAAC su competenze alfabetiche e matematiche degli adulti del 2013), si può intuire quante possibilità vi siano che riconosca tra i vari candidati i più idonei a rappresentare tali interessi.

Riguardo al secondo punto, invece, sappiamo come la folla sia incline ad adottare atteggiamenti irrazionali molto più spesso di quanto farebbe il singolo o un gruppo ristretto di individui. Le sintetizza bene nel suo libro Gustave Le Bon: "debole tendenza al ragionamento, assenza di spirito critico, irritabilità, credulità e semplicismo". Lo vediamo nelle democrazie odierne, dove spesso a prevalere è l'irragionevolezza o, se si vuole usare un termine più prosaico, nonché più in voga, la pancia.

In realtà, Condorcet trascurò un aspetto importante, valido peraltro in qualsiasi ambito, e cioè che l'aumento del numero di persone si traduce in un aumento della qualità delle loro azioni solo se si parla di esperti. Un consulto di medici può formulare una diagnosi più attendibile di un singolo medico; un'equipe di scienziati può conseguire migliori risultati rispetto al singolo scienziato; ecc. Viceversa, cento persone chiamate a pronunciarsi su cose di cui non hanno la più pallida idea faranno più danno di dieci, poiché l'aumento del numero finirà per influenzare con più forza chi non avendo le idee chiare tende ad adeguarsi all'umore della folla. Presupposta la competenza, l'aumento del numero si traduce in un aumento della qualità; ma data l'incompetenza, si traduce in un suo abbassamento. Per dirla con Schopenhauer, cento pazzi messi in mucchio non fanno un uomo ragionevole.

Qualunque paziente reputerà preferibile la diagnosi fatta da un solo medico rispetto a quella fatta da tutto il vicinato raccolto al suo capezzale e qualunque passeggero preferirà rientrare a casa su un autobus guidato da un autista con regolare licenza piuttosto che da una comitiva di ubriachi che si alternano al volante.

Solo alla condizione di trovarci di fronte a cittadini consapevoli, avrebbe avuto ragione Condorcet, e l'aumento della platea degli elettori sarebbe andata di pari passo con la saggezza delle decisioni adottate. Al contrario, una massa di persone sprovvista delle più elementari capacità di comprendere la realtà, come tutte le statistiche dicono essere oggi la maggioranza, finirà per operare in maniera più irrazionale. In altri termini, farà più danni.

Un paio di esempi di come opera la maggioranza.

In Italia, alla fine della prima Repubblica la folla inveisce contro Craxi identificandolo come il simbolo del malcostume politico; un paio di anni dopo elegge quello che di Craxi era il primo sodale e sostenitore.

Dopo settant'anni si dissolve l'Unione Sovietica e il popolo anziché eleggere uno di quelli che il totalitarismo avevano combattuto, elegge uno che aveva fatto carriera nel Partito. Qualche anno dopo viene eletto a furor di popolo addirittura un ex membro del KGB, quello che del totalitarismo era l'asse portante. Ecco, forse l'espressione "a furor di popolo" nasce proprio dall'assenza di ogni minimo raziocinio nelle scelte della maggioranza.

Si usa dire «la maggioranza ha sempre ragione». È una specie di dogma dei tempi moderni. La frase viene presa così, come oro colato, come se non ci fosse altro da aggiungere. Invece, mai affermazione fu più avventata.

Per conto mio, non dirò, come Ibsen e Twain (e probabilmente anche Cristo, se fosse stato interpellato al riguardo), «la maggioranza ha sempre torto», ma credo, in maniera più neutrale, che la maggioranza non capisce niente. Niente di niente. Se una volta ci azzecca è per caso (che un Gandhi o un José Mujica diventi capo di Stato, più che un'eccezione, è una specie di corto circuito della storia). Ed è proprio questo non capire niente a renderla debole, vulnerabile e volubile come foglia al vento, e soggetta a essere manipolata in tutti i modi possibili e immaginabili. Non capisce niente di arte, di economia, ovviamente di politica, ma non capisce niente nemmeno delle cose più elementari, di tutto ciò che la circonda, non capisce niente nemmeno di calcio, pur guardando partite tutti i santi giorni, tant'è che neanche i giocatori della Nazionale vengono eletti a maggioranza, ma sono selezionati da un commissario tecnico.

Eppure, vige oggi questo insensato quanto inspiegabile culto della maggioranza. Sembra che essa sia depositaria di verità e giustizia e che ogni cosa debba ottenere il suo plauso. Siamo arrivati al punto che lo scienziato viene chiamato in tv a confrontarsi con il ciarlatano per non infrangere le regole democratiche. Se ratificata dalla maggioranza, qualsiasi corbelleria diventa un'idea rispettabile. Non prenderla in considerazione significa essere antidemocratico, che nell'era del politicamente corretto è tra le accuse più infamanti nelle quali possa incorrere un individuo. Uno scienziato non può più dare dell'asino all'asino, perché anche l'asino ha diritto di avere le sue idee e di vederle non solo rispettate, ma anche messe ai voti. Davanti a questa grottesca deriva, si può solo replicare con la battuta di Mark Twain: «Quando ti rendi conto che sei dalla parte della maggioranza, sappi che è ora di cambiare».

«Chi dice che la maggioranza ha sempre ragione, dice una frase di cattivo augurio, che solleva intorno lugubri risonanze; il regime parlamentare, a volerlo definire con una formula, non è quello dove la maggioranza ha sempre ragione, ma quello dove sempre hanno diritto di essere discusse le ragioni della minoranza» avvertiva Calamandrei, lui che delle adunate oceaniche conservava memoria diretta.

La maggioranza ha sempre ragione può andar bene per decidere se giocare a briscola o a dama, se andare in pizzeria o al *bowling*, se cacciare Giorgio o Ginevra dalla casa del GF, ma in qualsiasi altro ambito - in politica più di tutti - è un'idea che andrebbe maneggiata con molta cura.

Oggi nessun sistema giuridico europeo adotta la pena di morte, ma quando Beccaria pubblicò *Dei delitti e delle pene* essa era in vigore in tutti i paesi d'Europa, e le tesi contenute nel *pamphlet* non interpretavano il sentire della maggioranza, né rappresentavano la maggioranza le idee di Galileo. Se si fosse seguito il volere della maggioranza, staremmo ancora a correre dietro il vitello d'oro. E non è detto che non si riprenda a farlo, di questo passo.

Come ricordato nel sondaggio citato all'inizio, la maggioranza dei giovani inglesi tra i 13 e i 27 anni ritiene che si vivrebbe meglio sotto una dittatura. Si suppone, dunque, che chiamati a scegliere in un ipotetico referendum tra democrazia e dittatura, voterebbero per quest'ultima, probabilmente ignari che una volta instaurata la dittatura non avrebbero più la possibilità di pronunciarsi in altri referendum.

Il rischio, o forse sarebbe meglio dire la prospettiva, è che domani questa sia la maggioranza dell'intera popolazione. Abolire il suffragio universale, allora, è il rimedio per salvare la democrazia. Non c'è nulla di antidemocratico, di irragionevole o di ingiusto nel chiedere a costoro, prima di lasciarli entrare nella cabina elettorale, di dimostrare di possedere gli strumenti intellettuali e culturali per distinguere democrazia e dittatura, di essere, cioè, in grado di capire cosa significhi vivere in democrazia e vivere sotto dittatura. Si tratta solo di evitare che questa maggioranza finisca per privare della libertà quella minoranza che la distinzione tra democrazia e dittatura è ben in grado di farla.

10. Se Dio fa politica

La vulnerabilità del sistema elettorale basato sul suffragio universale nasce, come detto, anche dalla facilità con cui un'opinione pubblica poco informata sul funzionamento della macchina statale e sulle questioni politiche in generale può essere manipolata. Non significa che i più informati non lo siano. Come nell'esempio fatto sopra, tutti possono sbagliare o essere tratti in inganno. Diciamo soltanto che più aumenta la conoscenza e più diminuiscono le possibilità che ciò avvenga.

Oggi le tecniche di manipolazione sono state affinate. Ai giornali e ai mezzi di comunicazione di massa si sono aggiunti internet e i *social network*, e con l'avvento dell'IA è ragionevole ipotizzare un ulteriore salto di qualità. Ed è altrettanto ragionevole dedurre che le persone che meno hanno l'abitudine di informarsi siano fatalmente le più esposte, come vediamo tutti i giorni nelle miriadi di truffe di cui sono vittime.

Tuttavia, tra i tanti strumenti utilizzati per manipolare l'opinione pubblica ce n'è uno, probabilmente il più antico, che conserva intatta tutta la sua efficacia, e in virtù di ciò continua a essere largamente il più gettonato. Mi riferisco alla religione.

Se Trump afferma che nell'attentato da lui subito il proiettile lo ha mancato per l'intervento di Dio o se un ministro israeliano dichiara di essere in missione per conto di Dio, per cui mettere un proiettile in testa a tutti i palestinesi rientra implicitamente in tale missione, io naturalmente non ci credo, perché non penso che dal profondo delle oltre duemila miliardi di galassie dell'universo vi sia un Dio che si occupa delle traiettorie dei proiettili o di assegnare quel tipo di missioni. Più in generale, non credo che nelle suddette duemila miliardi di galassie, vi sia un Dio che si occupi in maniera prioritaria della Via Lattea, cioè la galassia nella quale ci troviamo, e più in particolare di un pianeta che ruota intorno a una delle oltre cento miliardi di stelle che della Via Lattea fanno parte, cioè la Terra, e, ancora più in particolare, delle vicissitudini di alcuni esseri viventi che per un brevissimo lasso di tempo tale pianeta abitano. Ragion per cui ritengo che ogni qualvolta un politico nomini Dio per giustificare un'idea, un fatto o qualsiasi altra cosa, lo nomini invano, e che, per fermarci agli esempi citati, il primo abbia solo voluto sfruttare a fini elettorali un gran colpo di fortuna avuto e il secondo abbia bisogno di una copertura per non passare da criminale comune quale effettivamente è.

Ora, premesso che ognuno è libero di credere anche alle fantasie più bizzarre e inverosimili, e infatti nel mondo anche le fantasie più bizzarre e inverosimili raccolgono adepti, ciò che qui interessa è quanto tali credenze impattino nella vita della comunità.

Secondo le stime più attendibili, negli Stati Uniti circa la metà della popolazione crede nel creazionismo (e, per inciso, il 70% nella telepatia e nei fantasmi, stessa percentuale per diavolo e angeli, il 50 nel paradiso come luogo reale, il 25 nelle streghe; ecc.). Prendiamo a esempio gli Stati Uniti sia perché è la democrazia più antica tra quelle esistenti, e sia perché si tratta di credenze in crescita un po' ovunque.

Non c'è in questo discorso alcuna vena antireligiosa, per il semplice motivo che il creazionismo ha poco a che vedere con la religione. Non circola nemmeno in Vaticano. La fede attiene al mistero, a ciò che non ha spiegazione, non alla plateale negazione di verità condivise dall'intera comunità scientifica mondiale. Il creazionismo è piuttosto assimilabile a tanti altri fenomeni bislacchi assai in voga nel nostro tempo, come terrapiattismo, rettiliani e amenità simili.

Se adesso dico che la faccia nascosta della luna è popolata da centauri che si sono stabiliti lì perché amanti della privacy e desiderosi di non essere visti da noi o che l'ambiente di Marte è il più propizio per la coltivazione degli ortaggi rossi, nessuno mi prenderà sul serio. Qualcuno forse dubiterà pure della mia sanità mentale, anche se trovassi riferimenti nella Bibbia o in qualsiasi altro testo sacro. Ma, attenzione, non perché si tratti di affermazioni smentite dal buon senso ancor prima che dalla scienza, ma perché sono il solo a sostenerle.

Succede infatti non di rado, come ricorda Manzoni, che al buon senso tocchi nascondersi sotto la minaccia del senso comune, che ci spinge a considerare anche una stupidaggine come un'idea rispettabile allorché essa è condivisa, per esempio, da centosettanta milioni di persone, cioè proprio la metà della popolazione americana, massime se in qualche modo si associa alla religione.

Nondimeno, al cospetto della ragione una stupidaggine rimane tale, anche se professata da centosettanta milioni di persone. La sola cosa certa, semmai, è che non si può fare molto affidamento sull'intelligenza di questa massa di persone. In particolare, per quel che attiene al discorso che stiamo facendo, è assai probabile che non facciano buon uso del loro voto, perché hanno la tendenza a credere ad affermazioni non solo prive di fondamento e di logica, ma pure contrarie alla realtà accertata dei fatti. Quindi, nel momento in cui un demagogo si presenterà dichiarando di essere protetto da Dio o da questi mandato in missione più o meno segreta, saranno pronti ad assecondarlo e votarlo.

Si capisce allora che in una platea nella quale *almeno* la metà degli elettori (poiché bisognerà aggiungere quei terrapiattisti e rettiliani che magari non rientrano tra i seguaci del creazionismo) appartiene a questa categoria, il demagogo di turno avrà vita facile. Quanto alla minoranza che conserva il ben dell'intelletto, essa è di fatto ostaggio di costoro. Detto brutalmente – ma è difficile dirlo in altro modo – il suffragio universale consente agli idioti di decidere del destino dei sani.

Nella stessa sfera del creazionismo rientrano a pieno titolo tutte quelle forme di religione oltranzista e fanatica che avvelenano la vita politica e le relazioni tra i popoli.

Mettiamoci ora nei panni di un politico israeliano ragionevole (ce ne sono molti) che in un dibattito televisivo voglia spiegare la necessità di trovare una via pacifica per garantire la coesistenza con i palestinesi e si trovi di fronte un avversario che sostiene la superiorità del popolo ebraico in quanto prescelto da Dio, e quindi autorizzato a non osservare alcun principio del diritto internazionale e trattare i palestinesi come un popolo inferiore, finanche a poterli sopprimere. Come potrà costui convincere quella parte di uditorio accecata dalla religione che sosterrà il suo avversario per partito preso? Come potrà mai ottenerne la fiducia con argomenti razionali? Quale spazio rimane per una politica ragionevole e per la ragione in generale se Dio fa politica? Si arriva infine al vicolo cieco segnalato da Voltaire quasi tre secoli or sono: cosa posso replicare a uno che mi vuole tagliare la testa perché gliel'ha ordinato il suo Dio? Nulla. Non posso replicare nulla, poiché nel momento in cui qualcuno vuole impormi la sua volontà basandosi su motivazioni irrazionali, significa che ha chiuso le porte al dialogo. C'è solo il muro contro muro, la negazione della politica.

Ebbene, come si può allora uscire da questa *impasse*. Come possono le persone che ancora ragionano liberarsi dalla dittatura dell'irrazionalità basata sul numero?

Si può togliere il voto a una persona perché crede nel creazionismo, o nel terrapiattismo, o perché nega il beneficio apportato dai vaccini all'umanità, o perché è convinta che gli alieni vivano tra noi sotto mentite spoglie, o che Dio (il *suo* Dio) l'ha nominato suo viceré in terra? No, certamente non si può. Oltre che inattuabile, sarebbe un abuso e una discriminazione.

Qualcosa però si può fare. Si può riportare la discussione politica su un piano esclusivamente razionale, chiedendo loro, come a tutti gli altri cittadini, di dimostrare di avere conoscenze sufficienti per esercitare con consapevolezza il diritto di voto. Non si esclude a priori nessuno e non si reca pregiudizio ad alcuna credenza. Anzi, non si entra proprio nel merito delle credenze personali.

Un creazionista o un terrapiattista può votare nel momento in cui dimostra di essere un elettore competente, così come può diventare astronomo o avvocato, una volta compiuti tutti gli studi richiesti. Può anche diventare presidente. Ma non sarà la stessa cosa. Non sarà infatti un presidente acclamato da altri creazionisti o terrapiattisti, ma un presidente eletto per le sue competenze da un elettorato competente, a prescindere dal suo essere creazionista, terrapiattista o altro. È un discorso puramente teorico, ovviamente (poiché, oso credere, non sarebbero in molti gli appartenenti alle categorie sopra menzionate a risultare competenti), e tuttavia necessario per salvaguardare la forma, e con essa la democrazia.

Se, infatti, non basta la forma per parlare di democrazia, come qui si vuol sostenere a proposito del suffragio universale, è altrettanto vero che non può esserci democrazia senza forma. Sarebbe ridicolo, ancor prima che contraddittorio, pretendere di salvare la democrazia attraverso l'autoritarismo.

Non interessa, dunque, a cosa credono le persone. Possono coltivare le fedi più bizzarre e inventarsene pure di nuove. Possono pure credere ai centauri sulla luna o agli ortaggi rossi su Marte. Sono fatti loro. L'importante è che abbiano le conoscenze necessarie per votare.

11. Un requisito pre-ideologico

Anche se proveniente perlopiù dall'area progressista, la critica del suffragio universale non è in realtà né di destra né di sinistra. Non equivale a una presa di posizione politica e non presuppone l'appartenenza a questo o quel partito, ma solo onestà intellettuale. Essa ha un carattere, per così dire, pre-ideologico. Si tratta di una semplice riflessione sulla natura e sul fondamento di un diritto.

Facciamo un esempio concreto. È legittimo essere a favore o contro il *welfare state* e quindi scegliere il candidato che vuole mantenerlo o migliorarlo oppure quello che vuole ridurlo o eliminarlo. Questa è la libertà di voto che attiene ai propri convincimenti ideologici o al proprio tornaconto, e che nessuno può mettere in discussione a meno che non auspichi l'avvento di uno stato totalitario.

La condizione pre-ideologica, invece, riguarda la capacità di individuare in che misura il candidato favorevole al *welfare state* e quello contrario abbiano concrete possibilità di conseguire gli obiettivi promessi. Capire, cioè, gli effetti che comporta tale o tal altra decisione politica, sulla quale poi il soggetto può essere favorevole o contrario.

In altri termini, in una democrazia funzionante l'elettore dovrebbe essere in grado di distinguere la realizzabilità della promessa dalla pura propaganda. Un candidato può impegnarsi a triplicare le pensioni minime o a garantire la spesa gratis nel supermercato più vicino a casa a tutta la nazione. Tocca all'elettore capire quante siano le probabilità che quegli impegni si possano un domani tradurre in provvedimenti concreti.

Sul versante opposto, un altro potrà sostenere che lo Stato non fornirà gratis nemmeno uno stuzzicadenti e chi vorrà curarsi dovrà pagare fino all'ultimo centesimo, e se non può pagare, peggio per lui, sarà gettato nell'indifferenziata. Anche qui tocca all'elettore di orientamento politico opposto all'altro capire quanto tale promessa sia realizzabile, non quanto sia musica per le proprie orecchie.

Sono argomenti estremi che non possono non catturare la simpatia dell'elettore favorevole o contrario al *welfare state*. Sono ragionevolmente attuabili? Certamente no, e colui che dovesse lasciarsi convincere e votare i rispettivi campioni darebbe prova di non possedere gli strumenti minimi per decodificare la realtà, e dunque per il suo bene e per quello degli altri che condividono i suoi stessi interessi, gli si dovrebbe vietare di votare.

Ancora una volta, e temo non sarà l'ultima, l'elezione di Trump ci offre un caso emblematico. Uno dei *leitmotiv* della sua fortunata campagna elettorale del 2016, peraltro riproposto in quella del 2024, è stata la polemica contro la delocalizzazione, che molti voti gli ha permesso di intercettare tra le classi medio-basse, che da tale fenomeno sono state le più colpite. Tuttavia, alcune settimane prima delle elezioni del 2016, una giornalista aveva visitato un punto di raccolta fondi nel quale erano in vendita i suoi *gadget* elettorali, ed aveva notato che molti di essi erano *made in China*. Il sedicente paladino della lotta contro la delocalizzazione non sembra disdegnarla affatto quando sono in gioco i suoi interessi.

Quelle persone che proprio per questo motivo l'avevano votato sono state tecnicamente abbindolate. Di ciò non si può certo incolpare Trump, il quale si è limitato a perseguire i suoi obiettivi senza violare alcuna legge. Non esiste alcuna norma, in nessuna democrazia, che obblighi gli eletti a mantenere le promesse fatte durante la campagna elettorale, né altre che vietino di fare promesse che non possono essere realizzate o che non si ha alcuna intenzione di realizzare, e nemmeno di promettere cose che vadano contro le proprie convinzioni o addirittura contro il proprio operato, come nel caso in esame.

La responsabilità ricade tutta sulle spalle di chi l'ha votato. Avrebbero potuto informarsi meglio. I mezzi ce li avevano. Se la notizia dei *gadget made in China* è arrivata fino in Italia, non doveva essere certo un segreto negli Usa. E se almeno i suoi orologi dorati sono prodotti in Svizzera, la produzione dei componenti dei suoi telefoni, a giudizio degli esperti, avviene ancora in Cina. È il caso allora di continuare a chiamarli "telefoni per patrioti", o forse sarà più appropriato definirli "telefoni per sprovveduti"?

Quindi, per chiudere il ragionamento, quel che mancava a questi elettori nel 2016 come nel 2024 era la volontà di informarsi, la capacità di capire e, soprattutto l'intelligenza per intuire che un uomo col suo passato e con le sue attività difficilmente avrebbe potuto essere un nemico della moderna economia globalizzata, e solo per il tornaconto del momento l'aveva tirata fuori. Da un punto di vista strettamente politico – che è quello che qui ci interessa – elettori privi di tali requisiti possono essere definiti incapaci di intendere e di volere. E come tali andrebbero tutelati dal fare scelte che possono andare contro i loro stessi interessi. Privandoli del voto, per l'appunto.

12. L'aforisma di Churchill

"La democrazia è la peggior forma di governo, eccezion fatta per tutte quelle altre forme sperimentate finora."

Il noto aforisma di Winston Churchill è una delle più efficaci affermazioni in difesa di questa democrazia. Tuttavia, analizzandolo, la difende fino a un certo punto.

Innanzi tutto, riconosce implicitamente il diritto di criticarla e metterla in discussione, collocandola in un preciso contesto storico. Dice "sperimentate finora". Non esclude quindi che in futuro possano darsi forme di governo migliori, o anche molto migliori di questa democrazia, e che i limiti di quest'ultima a quel punto possano apparire in tutta la loro evidenza. Un tempo la monarchia assoluta fu l'unico sistema di governo concepibile, laddove oggi sarebbe improponibile fuori dalla Penisola Arabica e di un paio di altri Stati. Non si può dunque escludere che tra cento anni si pensi del nostro sistema elettorale qualcosa di simile a ciò che oggi si pensa della monarchia assoluta, e che nei libri di storia venga definito come quel sistema che consentiva anche ai personaggi più stravaganti di pervenire al governo di una nazione. In futuro potranno esserci forme più giuste e/o più efficaci. Diciamo che intanto il suddetto aforisma ha il merito di liberarci dal tabù e allargarci l'orizzonte mentale. Affinché si possa domani pervenire a un sistema migliore, infatti, bisogna mettere in discussione il presente e cominciare col valutare altre possibilità.

Nello stesso tempo sembra muovere dal presupposto che la

democrazia possa attirare delle critiche. Il che è vero. Ma tali critiche non riguardano la natura della democrazia (alle quali questo aforisma sembra riferirsi), bensì il suo funzionamento. Lo si è detto prima. Il problema non è la democrazia. Anzi, al riguardo mi sentirei pure di correggere l'aforisma di Churchill e dire che è la miglior forma di governo, non solo di quelle inventate finora, ma anche di quelle che ad oggi possiamo immaginare. Il problema consiste nel suo funzionamento. Più in particolare, nel suffragio universale.

Probabilmente verrà un giorno in cui qualunque decisione entrerà nel dominio degli algoritmi, ma fino ad allora la democrazia rimane la forma più corretta per decidere all'interno di un gruppo. Nel funzionamento di una commissione chiamata a valutare un candidato come in un consiglio di amministrazione chiamato a decidere su un investimento.

In questi e in altri casi analoghi, tuttavia, essa si realizza pienamente poiché muove dal presupposto che tutti coloro chiamati a esprimere un'opinione abbiano titoli e cognizioni per esprimere tale opinione. Sanno di ciò di cui si sta parlando. Nel suffragio universale, invece, sono chiamati a esprimersi tutti coloro che hanno raggiunto la maggiore età, a prescindere da ciò che sanno e capiscono, che in molti casi è poco, se non addirittura zero.

In tal modo il suffragio universale svuota la democrazia di significato, rendendola qualcosa di meramente formale, una scatola vuota. Solo sulla carta decidono tutti, nei fatti non è così. Nei fatti, essendo i molti manovrabili, a decidere finiscono con l'essere i pochi che dispongono degli strumenti per manovrare: il proprietario di un giornale, per esempio, o di una rete televisiva, o di un *social network*. Paradossalmente, la democrazia risulta così il sistema più efficace per privare il popolo del suo potere e assicurare il governo di un numero ristretto di persone.

Ciò che questa critica al suffragio universale vorrebbe auspicare è proprio il passaggio da una democrazia formale a una democrazia sostanziale, fare in modo, cioè, che essa non si riduca al mero esercizio del voto, ma che il voto sia basato su un livello minimo di conoscenze.

Questo paradosso che invece è sotto i nostri occhi consentirebbe anche di negare in toto l'aforisma di Churchill. O quanto meno di riformularlo modificandone la prospettiva:

«La democrazia sarà forse la peggior forma di governo, eccezion fatta per tutte quelle altre forme sperimentate finora, ma non lo si può dire sulla base dei suoi risultati.»

Non è nemmeno vero, infatti, che i governi democratici siano sempre, per il solo fatto di essere democratici, meno peggio di tutte le altre forme di governo sperimentate finora. La storia ci offre numerosi esempi di monarchi illuminati che hanno dato lustro alle società da loro governate, non macchiandosi di crimini e assicurando pace e prosperità, mentre *House of Cards* ci offre un quadro di che tipo di persone in una democrazia moderna abbiamo maggiori probabilità di arrivare ai vertici, nonché di quali benefici possano portare al loro paese.

Ma passando dalla finzione alla realtà, di esempi se ne potrebbero citare molti.

Le bombe atomiche su Hiroshima e Nagasaki sono state sganciate da uno stato democratico. Si dice che fossero necessarie per costringere il Giappone alla resa e risparmiare la vita dei soldati americani in un eventuale attacco di terra. Si dice pure che gli Stati Uniti volessero in questo modo dimostrare il loro potenziale bellico ai futuri nemici sovietici. Sarà pure tutto vero, ma è altrettanto vero che entrambi gli obiettivi li si sarebbe ottenuti benissimo anche lanciandole su una delle tante isole disabitate o poco abitate dell'arcipelago giapponese. Il governo giapponese non sarebbe stato così folle da continuare una guerra ormai persa davanti alla possibilità di vedere una di quelle bombe cadere in un centro metropolitano, mentre i futuri nemici sovietici si sarebbero fatta un'idea ugualmente chiara della potenza americana. Scegliere due grandi città anziché un'isola disabitata ebbe un solo valore aggiunto: il terrore.

Lo stesso dicasi, tornando a Churchill, e non nelle sue vesti di umorista, della carestia da lui provocata nel Bengala nel 1943. Dice si trattava di una strategia per scoraggiare l'eventuale avanzata giapponese, ma l'Inghilterra non si preoccupò molto dei due milioni di persone che ne fecero le spese, e difficilmente si può credere che una tale strategia sarebbe stata messa in atto in patria, con degli inglesi. O ancora dei bombardamenti su Dresda, anch'essi fatti più con intento terroristico che militare. Colpire intenzionalmente e indiscriminatamente i civili costituisce un crimine di guerra, e come tale sarebbero stati giudicati alla fine del conflitto in un'altra ipotetica Norimberga, se a perpetrarli non fossero stati i vincitori. Lo riconobbe lo stesso generale alla guida dell'aviazione americana che bombardò le principali città giapponesi con ordigni incendiari, facendo oltre 100000 vittime nella sola Tokio.

Spostandoci infine nel presente, prenderemo il caso di un dipendente dei servizi segreti di uno Stato che, per così dire, in Occidente non gode fama di essere particolarmente democratico. Per esempio, Cina o Russia, o, meglio ancora, Iran. Questa persona decide di svelare le modalità con le quali il suo governo viola dei diritti fondamentali dei propri cittadini. Lo fa per motivi esclusivamente etici, non solo senza trarne alcun beneficio materiale, ma rinunciando anzi a uno status di relativo privilegio. Lo fa, inoltre, senza coinvolgere o mettere in situazione di pericolo altre persone. Si limita soltanto a denunciare l'abuso. Il Parlamento Europeo chiede agli Stati membri di offrirgli protezione "riconoscendo il suo statuto di informatore e di difensore internazionale dei diritti umani", mentre il giornalista che ne ha raccolto le rivelazioni viene insignito del Premio Pulitzer, assegnato a chi si è distinto per aver svolto un meritorio servizio pubblico. Bene, gli Stati Uniti potrebbero accoglierlo con tutti gli onori in quanto difensore di quei valori sanciti dalla Costituzione americana, come del resto hanno fatto in passato con altri agenti di quei paesi passati dalla loro parte, e invece emettono nei suoi confronti un mandato di cattura, contestandogli reati per i quali sono previsti fino a trent'anni di carcere. Un controsenso? No, piuttosto una questione di prospettiva. Basta apportare una piccola correzione al racconto, per il resto interamente veritiero, compreso quanto riportato tra virgolette, e la prospettiva cambia. Il dipendente in questione è Edward Snowden e ovviamente non lavorava per il servizio segreto iraniano, ma per la *National Security Agency* (NSA), e ha documentato le violazioni di principi scritti nella Costituzione americana da parte del suo governo. Siamo in una democrazia, eppure a doversi difendere davanti alla giustizia non sono i rappresentanti del governo che tali violazioni hanno autorizzato e/o commesso, ma colui che le ha denunciate.

Si potrebbe continuare ancora con l'attualità, ma basterà sfogliare i giornali per trovare altri esempi di Stati democratici che, per usare un eufemismo grande come una casa, i diritti umani non tengono in gran conto.

13. La tecnocrazia non è un'opzione

Ipotizziamo che una nave, nella quale per un qualche misterioso motivo sia scomparso l'equipaggio, vada alla deriva nell'oceano. I passeggeri si trovano nella condizione di dover scegliere tra di loro qualcuno che sia in grado di riportarli sulla terra ferma. È giusto che a decidere siano tutti. Per due motivi. Primo: il problema è semplice. Non si tratta infatti di scegliere su questioni che richiedano particolari competenze. Lo capisce un plurilaureato come un analfabeta. Secondo: tutti sono accomunati dal medesimo obiettivo: salvare la pelle.

Mettiamo ora che al comando della nave si candidino un popolare uomo di spettacolo, che però non è mai salito nemmeno su un pedalò, e un anonimo cittadino, il quale invece possiede uno yatch e quindi ha già una qualche esperienza nel campo della navigazione. Dati tali premesse, è molto probabile che la stragrande maggioranza dei passeggeri, se non la totalità, si pronunci a favore del secondo. Sarà una scelta ponderata e ragionevole.

Questo è un esempio di tecnocrazia e serve da premessa per sostenere, al contrario di quanto molti erroneamente pensano, come la critica del suffragio universale non si traduca nell'elogio della tecnocrazia.

Il tecnico, infatti, agisce in maniera neutrale, mentre la specificità della politica consiste nel fare delle scelte, che anche se ugualmente degne e legittime, avranno un impatto diverso sulle varie componenti del tessuto sociale. Se la società fosse composta da replicanti perfettamente uguali l'uno all'altro, o che vivono tutti nella stessa identica condizione, o condividono gli stessi interessi e provano i medesimi desideri, la tecnocrazia basterebbe. Proprio come nell'esempio sopra esposto. L'obiettivo per cui viene eletto un capo accomuna tutti gli elettori, quindi si sceglierà per forza di cose un tecnocrate, cioè un esperto nel raggiungimento di quell'obiettivo.

Ma la società è variegata e complessa, è composta da cittadini che vivono in diverse condizioni, spesso diversissime o addirittura agli antipodi, e che hanno esigenze e aspirazioni spesso contrastanti o che addirittura si escludono a vicenda.

Prendendo l'esempio di prima, non si tratta più di salvare la propria vita. Adesso non c'è più il rischio che la nave affondi, ma si deve invece decidere destinazione e tempi. Qui le volontà divergono. C'è qualcuno che vuole andare ad est e qualcuno che vuole andare a sud; qualcuno che ha fretta e qualcuno che vuole prolungare la navigazione; ecc. Per cui se accontenti l'uno devi scontentare l'altro.

Il discorso cambia. A questo punto la scelta diventa politica. Ci vuole qualcuno che abbia anche altre qualità, perché alla politica tocca trovare un punto di equilibrio, continuamente, su ogni tema. Chi deve pagare le tasse, in che misura, quali cure offrire gratuitamente, quali spese inserire nel bilancio dello Stato, ecc. La politica integra inoltre l'aspetto etico. È giusto autorizzare un certo tipo di esperimenti? o produrre e vendere armi? o concedere certi diritti? E così via.

Essere esperti di una disciplina non significa condividere le stesse idee. Si può essere esperti di economia ed essere liberisti, ultraliberisti, keynesiani, financo marxisti. A ognuno di noi sarà capitato di illustrare la stessa patologia a diversi specialisti. Non dirò che sia difficile che tutti condividano la stessa diagnosi, è difficile che ve ne siano anche solo due che la pensino allo stesso modo. Eppure sono esperti.

In politica, che in fin dei conti è la nostra vita di tutti i giorni, parlare di tecnocrazia è una sorta di contraddizione in termini. In

Italia abbiamo visto molti cosiddetti governi tecnici, ma questa espressione è priva di senso. Sono solo governi composti da ministri non eletti. Arrivano da tecnici, in quanto esperti del ramo del quale sono chiamati ad occuparsi, ma poi si comportano da politici, perché amministrare significa compiere delle scelte e ogni scelta è politica.

L'alternativa, dunque, non è tra democrazia e tecnocrazia, che comunque in una società eterogenea e complessa, come detto, non potrebbe mai esistere, bensì tra democrazia che funziona e democrazia che non funziona.

Rimanendo sempre sullo stesso esempio, adesso, in una nuova competizione tra i due candidati nominati prima la maggioranza non sarebbe più così compatta. Qualche passeggero potrebbe pure condividere le proposte dell'uomo di spettacolo ignaro del minimo rudimento dell'arte della navigazione, perché rispondono ai suoi desideri. Votarlo, tuttavia, sarebbe un azzardo. Anche se la sua proposta di andare a sud coincide col tuo desiderio, ti rimane qualche remora nell'affidare il comando della nave a uno le cui uniche esperienze marittime consistono nell'aver giocato da piccolo con le barchette nella vasca da bagno. Ed è assai probabile che, anche se ti dice le cose che vuoi sentirti dire, tali remore prevarrebbero. Meglio affidarsi a chi ti porta a nord sano e salvo, piuttosto che dare fiducia a qualcuno che ti promette di andare a sud, ma col quale però corri pure il rischio di finire in pasto ai pesci.

Il paradosso della politica attuale, invece, è che questa preoccupazione viene meno. Forse non si ha la consapevolezza di essere come passeggeri di una nave che, se mal guidata, può andare a fondo, fatto sta che alle elezioni politiche tra un comune cittadino che fa affermazioni sensate (di qualsiasi orientamento egli sia) e un famoso uomo di spettacolo che invece le spara a raffiche, succede nella stragrande maggioranza dei casi che a vincere sia il secondo. In sostanza, il programma ragionevole di un candidato ha scarse, se non zero possibilità di avere la meglio sulla fama e la simpatia dell'altro candidato.

Politica e spettacolo, infatti, tendono ormai a diventare una cosa sola. Sempre più di frequente vediamo personaggi provenienti dal mondo dei media, o che di quel mondo hanno le modalità comunicative, pervenire ovunque ai vertici del potere, e sempre più ne vedremo. Del resto, guardando la folla invasata e urlante, con tanto di cartelli e palloncini, che fa da cornice ai grandi raduni dei due principali partiti americani, chi mai crederebbe, se non lo sapesse, che si tratta di appuntamenti elettorali?

14. Chi decide chi può votare?

Se per fare il medico o il pilota ci sono dei percorsi formativi, nonché degli esperti deputati ad accertare l'avvenuto compimento di tali percorsi e la conseguente acquisizione delle competenze necessarie all'esercizio dell'una o dell'altra professione, chi potrà stabilire che un soggetto abbia o non abbia raggiunto le competenze sufficienti per prendere decisioni riguardanti la cosa pubblica e dunque per esercitare il diritto di voto? E chi potrà poi stabilire che coloro che stabiliscono quali siano le competenze sufficienti per prendere tali decisioni abbiano a loro volta le competenze per farlo o non siano animati da secondi fini, come escludere persone o categorie di persone che non la pensino come loro? E chi potrà stabilire... ecc.

Quando si sostiene che il diritto di voto andrebbe regolamentato, è inevitabile che a un certo punto si venga chiamati a rispondere a questa domanda: chi certificherà i certificatori?

Personalmente, ritengo che tirare in ballo tale problema sia un po' mettere il carro davanti ai buoi.

Lo stesso ragionamento, che in verità somiglia piuttosto a un sofisma, potrebbe essere tirato in ballo per qualsiasi ambito. Chi ci può assicurare che nella commissione che giudica il laureando in medicina non vi sia qualcuno sprovvisto delle necessarie competenze, che magari sta lì perché raccomandato, ecc. O chi ci assicura che l'esaminatore dell'aspirante pilota non abbia quel giorno la mente occupata dai suoi problemi personali e conceda il brevetto di volo in maniera avventata, ecc.

Il discorso potrebbe valere per ogni esame, non si capisce perché debba essere tirato in ballo solo per il voto. Ma il problema non è questo. Il nodo principale da sciogliere è piuttosto quello evidenziato nelle pagine precedenti, se cioè si debba richiedere una qualche preparazione a chi si reca alle urne, come si fa in qualsiasi ambito ove si prendano decisioni che comportano responsabilità, e in quanto dovere civico, tale dovrebbe essere considerato il voto, oppure se si debba lasciare che alla scelta di chi va a guidare la nazione possano contribuire anche coloro che agiscono nella più totale irresponsabilità, perché tale è da considerarsi la scelta di chi non possiede le cognizioni necessarie per valutare le qualità delle proposte dei candidati.

In sostanza, si tratta di decidere tra due opzioni. O seguire per il voto lo stesso criterio che si segue per attribuire un'abilitazione professionale, perché proprio come un'abilitazione professionale implica un'assunzione di responsabilità nei confronti della collettività, oppure quello che si segue per decretare il vincitore del festival della canzone. Anzi, un po' più elastico di quest'ultimo, poiché nel festival della canzone la giuria popolare è affiancata da una giuria di esperti (forse in ragione dell'alta considerazione che si ha delle competenze popolari anche in campo musicale), mentre nel suffragio universale vi è solo la giuria popolare.

Non credo che qualcuno possa affermare che l'atto di eleggere il potere politico sia esente da responsabilità. Non a caso, come si è appena detto, si parla di dovere civico. E già questo tradisce la sua natura particolare. Dei diritti della persona non si dirà mai che sono dei diritti-doveri. Godiamo del diritto alla salute, non del dovere. Ognuno è libero di trascorrere la sua esistenza accasciato in un *fast-food* e mandare in malora la propria salute, e dopo è ancora libero di non curarsi. Godiamo del diritto di libertà di movimento, ma nessuno ha il dovere di viaggiare, e se uno vuole può trascorrere l'intera esistenza incollato alla poltrona e non muoversi nemmeno per andare a buttare la spazzatura.

Se dunque si chiede di superare un esame per compiere atti destinati a produrre effetti sulla collettività, logica vorrebbe che la stessa cosa si facesse con colui che si accinge a inserire la scheda nell'urna.

Sembrerebbe una constatazione ovvia, eppure oggi è considerato ovvio il criterio del festival. Come detto all'inizio, quando si parla di democrazia e suffragio universale, quello che a rigor di logica sarebbe ovvio diventa tabù. Per contro, tutto ciò che dovrebbe apparire folle viene accettato come dogma.

Questo è il punto centrale della questione dal quale bisogna muovere. Perché una volta riconosciuto che la scheda inserita nell'urna, ancor prima di essere il compimento di un diritto, è un'assunzione di responsabilità verso il paese, cioè verso tutti noi, le modalità per individuare e certificare un livello di preparazione minimo per esercitare il voto si troverebbero, né più né meno di come si trovano le modalità per assegnare a qualcuno l'abilitazione all'esercizio della professione medica o il brevetto per pilotare aerei.

Sarà un metro certamente imperfetto, né più né meno di tutte le procedure selettive, nonché di tutte le azioni umane. Capiterà che in una commissione vi siano persone che non avrebbero i requisiti per esserci? Certo che capiterà, come capita in tutti gli altri settori, dove può benissimo succedere che un esaminatore bocci qualcuno che ne sappia più di lui. Capiterà che un commissario possa sbagliarsi nel valutare il livello di preparazione di chi ha di fronte, o che il meno preparato raccomandato passi a scapito del più preparato non raccomandato, come capita già nei concorsi o in ogni tipo di esame, ma non per questo si aboliscono concorsi, esami e selezioni. Allorché si individuano delle negligenze o delle violazioni, le si contesta ove possibile con i mezzi previsti dalla legge.

Ma questa organizzazione, pur con tutte le sue criticità, è

l'unico mezzo che consente di garantire un ragionevole funzionamento della società. Che tali procedure possano essere a volte tutt'altro che efficaci, obiettive o trasparenti, è infatti sempre preferibile a una situazione nella quale chiunque possa mettere una targhetta alla porta asserendo di essere un medico specializzato in chirurgia plastica per poi mandare la gente all'altro mondo.

In nessun campo ci si aspetta la perfezione, che peraltro come ricordava Sciascia attiene più alla cretineria che all'intelligenza, non vi è motivo – e non si capisce – per cui la si debba pretendere proprio nella selezione degli elettori e dei candidati.

L'alternativa è quella che abbiamo davanti. Un perdigiorno qualsiasi la spara grossa su *Instagram* e diventa influencer. Risultato: oltre centomila *followers* nell'arco di una giornata. È un fenomeno ormai frequente. Centinaia di migliaia di persone stanno lì pronte a mettere *like* e condividere. Se domani personaggi di tal risma si presentano alle elezioni (si trova sempre un partito di bocca buona), il rischio di vederli approdare in parlamento è tutt'altro che remoto. Perché così funzionano molti elettori. Sentono una frase che gli suona bene, e buttano lì il voto come un *like* su *Instagram*, senza capire e senza cercare di capire se è vero o non è vero, se ha fondamento o è campato in aria… Così funzionano molti elettori. Il problema, o forse sarebbe meglio dire il dramma, è come possa funzionare un paese con questi elettori.

15. Le qualità richieste all'elettore

Oggi per candidarsi alla guida del paese non è richiesto alcun requisito, a parte la maggiore età, il godimento dei diritti politici e la capacità di intendere e di volere (peraltro nemmeno certificata). Se per entrare in magistratura o intraprendere la carriera diplomatica è previsto un prerequisito consistente in un preciso corso di studi e poi un concorso, per candidarsi alle elezioni politiche non è richiesta invece alcuna specifica conoscenza. Anche la persona più incompetente e incapace può presentarsi. Le uniche qualità di cui abbisogna sono spigliatezza, parlantina e prontezza di spirito. Tutti elementi che con le competenze e le capacità reali possono non avere, e spesso non hanno nulla a che fare.

Scrive Bertrand Russell: «La causa fondamentale del disastro è che nel mondo moderno gli stupidi sono arroganti e pieni di sé mentre gli intelligenti sono pieni di dubbi».

Date tali premesse, si capisce quanto sia fondamentale il ruolo dell'elettore e, soprattutto, quanto sia difficile e delicato. A differenza di una commissione chiamata a definire l'idoneità di un aspirante magistrato o di un aspirante diplomatico, che oltre a essere composta da esperti delle relative discipline può esaminare in ogni dettaglio il curriculum presentato dal candidato, l'elettore si trova a dover scegliere tra candidati che possono non avere alcuna esperienza amministrativa o alcun titolo particolare. Per individuare allora la persona più idonea a guidare la nazione, la regione o il comune, può solo contare sulla propria perspicacia, che non è puro intuito, non è qualcosa basata sul nulla, ma, a sua volta, somma di competenze.

Un elettore dovrebbe essere in grado di capire la correttezza di un ragionamento, distinguere un'affermazione fondata da una priva di fondamento, ricordare le precedenti affermazioni del candidato (la sua credibilità), sapere qualcosa di come funziona lo Stato, avere un'idea di quelli che vengono chiamati i margini di manovra, cosa si può fare e cosa no, avere qualche conoscenza di storia, di geopolitica… Inutile adesso provare a formulare una lista di materie che non sarebbe comunque esaustiva. Il campo è piuttosto vasto. Come in tutte le cose, va trovato il giusto equilibrio.

Quel che intanto risulta evidente è la necessità di possedere quelle stesse competenze che dovrebbe possedere chi aspira a governare una collettività, così come è necessario essere medico per attribuire l'abilitazione a un aspirante medico o saper guidare un autobus per dare la patente ad un aspirante autista.

Mancando di tali requisiti, l'elettore si affiderà ad altri criteri. O meglio, si lascerà *impressionare* da altri elementi, cioè quelli cui si faceva riferimento prima. La capacità dialettica del candidato, per esempio, che è ben diversa dalla capacità argomentativa. Premierà la sparata più grossa, anziché il ragionamento più coerente. Tra chi promette un milione di posti di lavoro e chi ne promette due milioni, sceglierà il secondo. Oppure, sceglierà il più popolare, senza considerare se tale popolarità abbia una qualche attinenza al compito che l'eletto sarà chiamato ad assolvere. Essere un eccellente calciatore, infatti, non offrirà particolari garanzie di buona amministrazione, né essere un uomo di spettacolo, o un *tycoon*. Eppure, molti di questi soggetti vengono chiamati a guidare uno Stato.

Chi dovrebbe poter votare allora?

Come detto prima, il discorso che stiamo facendo ha un carattere generale, occupandosi della natura e dell'efficacia del suffragio universale. Stabilire poi quali debbano essere nei dettagli i requisiti per accedere all'esercizio del voto, data l'ampiezza del tema, richiede chiaramente una riflessione a parte. In questa sede si può solo indicare quello che dovrebbe logicamente essere il primo passo: l'iniziativa deve partire dal cittadino. Colui che è interessato a diventare elettore presenta la domanda, come fa qualunque cittadino che vuole ottenere la patente, il porto d'armi, il diritto di circolare in una ZTL, e via dicendo. Inutile porsi il problema di far votare chi non è interessato. Mi pare che sia già stato detto qualcosa a proposito di gettare le perle ai porci. È nell'ordine delle cose che ne facciano poi cattivo uso. Certo, si possono invitare i cittadini a interessarsi alla vita e all'amministrazione della comunità, se ne può pubblicizzare l'importanza in tutti i modi e attraverso tutti i canali, ma, alla fine, uno sarà pure libero di dedicare il cento per cento delle sue energie mentali a seguire tutti i campionati di calcio del mondo. Non vedo per quale ragione lo si debba caricare di una responsabilità che non ha intenzione o non si sente di assumersi né con quale diritto lo si possa fare.

Il dovere di uno Stato democratico, come già detto, è quello di mettere tutti i cittadini nella condizione di diventare elettori, anche offrendo dei corsi di formazione per coloro che non hanno o pensano di non avere le competenze necessarie. Non percorsi ovviamente che richiedano anni di studio, ma che comunque portino all'acquisizione di tali competenze. Potrebbero pure essere integrati nei curricoli scolastici in modo da sollecitare la partecipazione dei cittadini alla vita pubblica fin da giovani, ma alla fine rimane in capo al soggetto la libertà di interessarsi e partecipare alla vita politica o non farlo.

Introducendo dei requisiti per l'accesso al voto, osserverà qualcuno, voterà solo un numero ridotto di persone. Certamente sì. Ma in ciò non vi è nulla di male. Così funziona la nostra società. Non tutti sono idonei a ottenere il porto d'armi, non tutti gli iscritti in medicina diventano medici, non tutti i calciatori giocano in serie A. Sarebbe antidemocratico e dunque censurabile se i votanti costituissero un'*élite* legata alla nascita, come la nobiltà nel medioevo, o al reddito, come nell'Italia postunitaria. Nella fattispecie, al contrario, si tratterebbe di un gruppo del quale chiunque può far parte, se vuole e se dimostra di avere le capacità. Un gruppo espressione della società democratica, aperto al ricco e al povero, al plurilaureato e all'autodidatta, al professionista e all'operaio. Basta impegnarsi.

16. Il diritto di candidarsi

Se per votare, dunque, occorrono le stesse competenze che serviranno poi all'eletto, risulta evidente che non avrebbe senso privare dell'elettorato attivo chi quelle competenze non ha e lasciargli quello passivo. Va da sé che solo chi è riconosciuto idoneo al voto può essere idoneo a ricoprire cariche pubbliche e quindi a potersi candidare.

Un tempo la selezione della classe dirigente era svolta in maniera per così dire informale dai partiti, che avevano le loro scuole, le sezioni e tutta una serie di percorsi che contribuivano, se non a eliminare la marmaglia (ché quella, ahimè, riesce sempre a intrufolarsi), a contenerla di numero. Poi, piano piano, i vecchi partiti sono andati logorandosi, e la percentuale della succitata categoria che superava quel processo di filtraggio è andata via via crescendo. Poi, con l'avvento dell'era della personalizzazione della politica e della contestuale scomparsa delle vecchie organizzazioni partitiche, si sono rotti definitivamente gli argini.

In questa sorta di villaggio globale virtuale venutosi a creare, allo stesso modo da come si passa dallo status di disoccupato a quello di star dello spettacolo dopo un soggiorno in un *reality*, si può passare dalla categoria di nullafacente a quella di presidente del Senato dalla sera alla mattina.

Probabilmente a lungo andare ci siamo abituati, si guarda al fenomeno come a un momento di folclore, ma basterebbe riflettere sul bestiario di candidati che sgomitano a ogni tornata elettorale, e su quanti di essi si ritrovano dopo nelle sedi istituzionali, per allarmarsi.

Probabilmente nemmeno un'ipotetica abolizione del suffragio universale toglierebbe di mezzo i pesci grossi che, pur pescando tra gli sprovveduti, sprovveduti non sono, ma è lecito ipotizzare che tra le seconde file farebbe una bella scrematura. In ogni caso, svuotati i bacini elettorali, nemmeno i pesci grossi durerebbero a lungo.

Lo stesso discorso vale ovviamente per una certa tipologia di reati. A chi, a causa di questi, non può, per esempio, entrare nelle forze dell'ordine o in magistratura, dovrebbe essere precluso l'accesso alla vita politica. Oggi invece può succedere che tizio non può entrare in polizia o in magistratura a causa di un precedente penale, ma può essere eletto in parlamento e sedere a pieno titolo in Commissione Difesa o in Commissione Giustizia, e, se beneficia di congiunzioni astrali favorevoli, diventare addirittura ministro.

Per chi aspira a ricoprire cariche pubbliche, vi sarebbe da valutare, infine, l'aspetto etico. I casi, cioè, di coloro che, pur non avendo precedenti o carichi pendenti con la giustizia, mostrano condotte che mal si conciliano con quello che con un'espressione ormai desueta si usa chiamare "senso dello Stato".

L'obiezione canonica, mossa dall'editorialista del grande giornale come dallo studente di liceo, a questo punto evocherà Machiavelli: essere un buon politico, si dirà, ed essere una persona perbene sono due cose diverse; si può essere l'uno senza essere l'altro, e viceversa.

Per conto mio, non ne sarei così sicuro. In ogni caso, lo spettacolo davanti al quale le democrazie moderne ci pongono sempre più frequentemente di fronte è quello di mandare al potere pessime persone che si rivelano essere anche pessimi politici.

Se non del tutto rivista, dunque, l'idea che politica e morale siano due sfere ben distinte andrebbe quantomeno adattata meglio al nostro tempo, cominciando col ricordare che l'autore del *Principe* parlava di una realtà nella quale il successo spesso si misurava con la rapidità con cui l'uno sopprimeva fisicamente il rivale.

La dottrina di Machiavelli, a ben vedere, si occupa esclusivamente della politica intesa come lotta per il potere, e in questo senso è del tutto condivisibile. Politica e morale sono due cose distinte. Così era ai suoi tempi, così continua a essere ai giorni nostri. Se invece si intende la politica in senso aristotelico, cioè come quell'attività che mira al benessere della comunità e alla felicità del cittadino, il discorso cambia. Allora non è più separabile dalla morale: diventano due facce della stessa medaglia.

Il fatto stesso, quindi, che la dottrina machiavelliana sia ancora in auge ci fa capire quanto poco l'attuale democrazia abbia rappresentato un effettivo salto di qualità, come cioè non sia stata accompagnata da un modello di riferimento nuovo, nel quale il popolo non fosse più un soggetto meramente passivo non solo nella forma, ma anche nella sostanza.

Torniamo a Trump. Secondo uno studio, il presidente americano ha mentito quindicimila volte nell'arco dei quattro anni del suo primo mandato. Altri ricercatori hanno più eloquentemente parlato di un "uso sistematico della menzogna".

Ora, in molte circostanze mentire non è un reato e può darsi che in nessuna di quelle quindicimila volte lo fosse, e tuttavia viene da chiedersi quanto sia giusto ammettere un mentitore seriale nella competizione politica. *Twitter* etichettò all'epoca alcuni dei suoi messaggi con 'allerta', quando in contrasto con dati pubblici ufficiali, per poi bandirlo a vita (dopo aver *prudentemente* atteso che lasciasse la Casa Bianca).

Verrebbe da dire che la comunità virtuale sia stata più efficiente della comunità reale. Senonché, la questione è un po' più complessa e un po' meno confortante. In effetti, la chiamiamo *comunità* virtuale per convenzione, ma di fatto funziona secondo la logica della proprietà privata. È l'amministratore che decide ogni cosa. Può escludere chiunque per un motivo qualsiasi, a prescindere che tale motivo costituisca o non costituisca reato. Col cambio di proprietà, infatti, *Twitter* gli ha tirato la volata alle ultime elezioni, e subito dopo i giganti dell'*hi-tech* sono corsi a *baciargli il culo*, per usare l'elegante espressione del diretto interessato.

La stessa logica, ad ogni modo, non può essere adottata dallo Stato, se non si vuole scadere nell'arbitrio o nel pensiero unico. Quindi, condotte dal connotato etico negativo (mentire, essere consumatore abituale di stupefacenti, essere a libro paga di governi stranieri, ecc.), che potrebbero anche condizionare il corretto adempimento dell'incarico istituzionale, non possono costituire ragione sufficiente di esclusione dalla competizione elettorale, laddove non configurabili come reati o espressamente vietate dalle leggi.

Dovrebbe in questi casi toccare all'elettore effettuare la selezione. Dovrebbe essere lui a capire quanto tali comportamenti mal si conciliano con l'incarico che si è chiamati a ricoprire, e, più in generale, quanto la naturale aspirazione a emergere e a distinguersi propria di ogni uomo sia accompagnata dal desiderio di servire il proprio paese, e non dettata dalla mera conquista del potere e dall'interesse personale. Quante siano, però, le probabilità che ciò oggi avvenga lo dicono i personaggi che circolano nelle amministrazioni locali, in parlamento e nel governo.

«Ognuno vede quel che tu pari; pochi sentono quel che tu sei, e quelli pochi non ardiscono opporsi alla opinione de' molti», scrive Machiavelli.

Ecco, nel momento in cui i molti che non «sentono quel che tu sei» non votano più, il voto dei pochi porterebbe beneficio anche all'etica pubblica, permettendoci di restituire alla politica quella definizione di "arte nobile" che oggi solo un pazzo o una persona completamente fuori dalla realtà può darle.

17. Chi beneficia del suffragio universale

Dice molto bene Amartya Sen, la democrazia assicura sviluppo economico e sociale, ma è anche "un obiettivo in sé", poiché a prescindere dai vantaggi che assicura è garanzia di libertà. Ma il problema oggi è proprio questo. Per quanto tempo ancora questa democrazia sarà garanzia di libertà? Anzi, lo è ancora?

Una democrazia malata, cioè una democrazia che funziona male, genera una sorta di aporia per cui quello che sarebbe il sistema migliore finisce col dare i risultati peggiori. E tutto lascia credere che la malattia sia fatalmente destinata ad aggravarsi.

Quello che vediamo sempre più frequentemente in molti paesi del mondo è più eloquente di qualsiasi ragionamento. Come spiegare l'elezione di personaggi come quello con la motosega, le cui assurde esibizioni lasciano increduli, e uno non sa se vergognarsi al posto suo, o per quelli che strepitano e urlano da sotto il palco, o per la comune appartenenza al genere umano? E che dire di alcuni politici nostrani, il cui consenso raccolto è spesso ascrivibile ad atteggiamenti di tenore più simile a quelli che si manifestano sui social, sui quali l'opinione dell'uomo comune è vieppiù modellata, piuttosto che a quell'equilibrio e a quella sobrietà che dovrebbero contraddistinguere coloro che occupano i posti di massima responsabilità?

Molte persone votano d'istinto, e l'istinto le porta a scegliere i propri simili. Nella società contemporanea, nella quale da una parte l'istruzione media va progressivamente abbassandosi e dall'altra i peggiori atteggiamenti vengono sdoganati, in una sorta di *deregulation* morale galoppante, persone che un tempo si sarebbero tutt'al più distinti nei bar di periferia, in virtù dei loro toni scomposti e volgari, hanno oggi concrete possibilità di diventare leader nazionali. E più queste tipologie raggiungono i vertici della politica, più la società regredisce. Quale testimonial migliore per l'ignoranza e la volgarità, del resto, di un presidente ignorante e volgare?

Lo stesso Condorcet, correggendo l'affermazione riportata prima, scriveva: «Un popolo illuminato affida i propri interessi a degli uomini istruiti, ma un popolo ignorante diviene per forza di cose vittima dei furbi, i quali, sia con le lusinghe, sia opprimendolo, ne fanno il loro strumento per i propri interessi personali.»

L'impatto di un uomo pubblico sulla società è enorme. Si tratta di effetti che si colgono a vista d'occhio. Come sempre accaduto nella storia, se la strada della civiltà è lenta e faticosa, quella dell'abbrutimento è rapida e tutta in discesa.

A ben vedere, è erroneo affermare che il suffragio universale non funziona. In realtà, sarebbe più corretto dire che funziona benissimo, solo che funziona benissimo al contrario.

«La maggior parte dell'umanità indulge alla Follia» scrive Erasmo, «e quindi le cose peggiori incontrano sempre il massimo successo». E insieme alle cose, aggiungiamo, anche gli uomini peggiori. Non solo, dunque, il suffragio universale permette alla maggioranza di mandare al potere gli individui meno adatti, ma impedisce di arrivarvi agli individui più idonei a occuparsi della cosa pubblica. Nella politica odierna, basata sulla logica del clan, sull'aggressività e sulla violenza verbale, sono paradossalmente questi ultimi che finiscono col farsi da parte.

Possiamo far finta di non vedere il paradosso, possiamo evitare di farci troppe domande, possiamo cullarci nella convinzione che tra i tanti eletti ve ne sarà pur qualcuno in grado di ben gestire la cosa pubblica, ma la realtà è semplice. Oggi la politica è la strada – ma forse sarebbe più corretto dire la scorciatoia – più battuta da chi vuole ritagliarsi una posizione vantaggiosa per meglio tutelare i propri interessi o sviluppare i propri affari e da chi pensa di sfruttare la posizione per arricchirsi; è il rimedio estremo, nonché il più efficace, per evitare il *vitto e alloggio gratis*; è una sirena irresistibile per chi nella società non avrebbe altrimenti né arte né parte, quelli che in un'altra epoca sarebbero arrivati tutt'al più a fare gli imbonitori alle fiere di paese, che per merito non sarebbero in grado di superare nemmeno un concorso per usciere, ma che non mancano mai di quello che alla fin fine è allo stato attuale l'unico vero requisito richiesto all'aspirante candidato: la faccia tosta.

In un contesto nel quale il carattere si confonde con l'arroganza e il carisma con la presunzione, sono queste, sempre più spesso, le persone che catturano gli elettori più vulnerabili. Un pagliaccio riuscirà molto meglio di un professore universitario. Sono i personaggi più cinici, quelli che non si fanno domande, quelli che urlano, quelli che ripetono banalità, sono costoro che si disputeranno il potere, laddove quelli che hanno a cuore il bene pubblico, che hanno spirito di sacrificio, cioè proprio coloro che avrebbero i requisiti per essere dei buoni amministratori, sono completamente fuori dai giochi. Non ci proveranno nemmeno. Chi ha a cuore la collettività si dedicherà ad altre attività, farà il missionario, farà volontariato o cose di questo tipo.

Non si tratta allora – sarà il caso di ripeterlo ancora una volta – di contestare il valore della democrazia, quanto di voler correggere il suo cattivo funzionamento. Non si discute del governo ideale, ma del governo più efficace. Certamente il governo espressione della volontà di tutti è preferibile a un governo espressione di un numero limitato di persone, senonché la volontà di tutti produce mostri. Può essere un ideale verso cui tendere, ma non può essere un punto di partenza.

Oggi il suffragio universale è il cancello di una ricca proprietà lasciato spalancato e incustodito. Vi si accalcheranno i più spregiudicati, i più furbi, quelli che sgomitano, che non guardano in faccia nessuno, un vasto campionario di umanità privo di remore, da quello che può contare su un pacchetto di voti assicuratigli da una cosca mafiosa a quella messa in lista perché brava a *servire* il capo. Abolirlo servirebbe a cacciare costoro dalla proprietà e permettere a quegli altri di avervi accesso.

18. Una democrazia sempre più simile a un'oligarchia

Continuiamo a chiamarla democrazia, ma somiglia sempre più a qualcosa di diverso.

La carriera politica è un'occupazione come una qualsiasi altra attività lavorativa, con la sola differenza che si continua a esercitarla anche dopo aver raggiunto l'età della pensione, laddove la cartina di tornasole del buono stato di salute di una democrazia è data proprio dall'alternanza nelle cariche pubbliche e in quelle di partito. Alternanza intesa non come *un po' io e un po' tu* per tutta la vita, ma come ritornare alla propria attività una volta ultimato il proprio mandato.

Una norma efficace sarebbe il limite dei mandati pubblici, ma non sembra essere la prima priorità delle forze politiche. Molti editorialisti bollano questa proposta come "populista" (termine oggi utile a delegittimare qualsiasi idea non condivisa, un po' come "disfattista" durante il fascismo o "controrivoluzionario" nell'URSS). L'opinione, tanto invalsa quanto campata in aria, è che una simile norma andrebbe a scapito della competenza della classe dirigente. Si potrebbe facilmente obiettare che da decenni siedono in parlamento o nelle amministrazioni locali diversi personaggi la cui competenza è ancora tutta da accertare, ma il ragionamento è fallace a monte. Sarebbe valido se parlassimo, per esempio, di un direttore di banca, che è pervenuto al suo incarico dopo un percorso professionale e di studi. In tal caso sarebbe certamente irragionevole chiedere una rotazione periodica col cassiere o con la guardia giurata. Chi occupa una carica politica, invece, non ha alcuna formazione specifica. Fino al giorno prima del suo debutto può essere stato avvocato, barbiere, professore di disegno, disoccupato o mille altre cose, e magari viene nominato assessore al turismo avendo come unica esperienza in materia un abbonamento stagionale nello stabilimento balneare più vicino. Non essendoci corsi di studio che preparino all'attività politica o test che certifichino una raggiunta competenza, ogni nuovo sindaco o deputato è tecnicamente incompetente. Secondo l'opinione sopra esposta, invece, colui che ha occupato vita natural durante cariche pubbliche viene *ipso facto* ammantato di competenza.

La politica come professione è di fatto la negazione della democrazia, in quanto colui che occupa a lungo cariche pubbliche o di partito (ma vale anche per il sindacato o per qualsiasi altra organizzazione rappresentativa) crea inevitabilmente una rete di potere, la quale per autotutelarsi deve ostacolare ogni dialettica interna, che porterebbe al ricambio della classe dirigente. Più rimane, più vuole rimanere, più è difficile estrometterlo, più l'essenza stessa della democrazia si eclissa. Non a caso si usa la parola *feudo* quando si indica la base elettorale di politici di lungo corso.

Ogni politico non si stanca di ripetere, come una specie di intercalare, che tutto è fatto in nome del popolo, per il bene del popolo, secondo la volontà del popolo, ecc. Ma che in realtà il popolo sia del tutto espropriato di ogni potere, traspare chiaramente dalla linea politica di ogni governo. Si potrebbero portare molti esempi, ma ne citerò uno soltanto, emblematico, perché ci riguarda tutti come collettività, quello dei paradisi fiscali.

Che l'esistenza dei paradisi fiscali non vada a beneficio della comunità è pacifico. Nel migliore dei casi vi trovano rifugio capitali che sfuggono al fisco; negli altri, invece, capitali frutto di attività illecite o criminali. Dalla loro esistenza il popolo non ha nulla da guadagnare e tutto da perdere. Se si ponesse a mille persone comuni la domanda se ritengono cosa giusta l'esistenza dei paradisi fiscali, risponderebbero tutti quanti negativamente (o almeno, tutti quelli che sono in grado di distinguere l'interesse della collettività). Come mai allora i governi delle principali democrazie occidentali, che di quel popolo non si stancano di ripetere di essere l'emanazione, li tollerano anche all'interno della stessa Europa, nulla fanno per eliminarli e anzi, ove possibile, provano a emularli?

Evidentemente nella loro azione, in questo come in tanti altri casi, non è prioritaria la difesa degli interessi del popolo. In questa democrazia ogni politico tutela per prima cosa la propria sopravvivenza politica. Tra difendere gli interessi della collettività e favorire quei centri di potere economico che dall'esistenza dei paradisi fiscali traggono vantaggio, i leader politici scelgono la seconda opzione. Scegliere la prima, infatti, significherebbe inimicarsi personaggi potenti, con tutti i rischi che gliene potrebbero derivare. Il proprietario di una rete televisiva, il capo di una multinazionale o il boss di una cosca mafiosa dispongono di molte frecce al loro arco. Hanno, per così dire, un potere contrattuale molto forte. Spesso sono soggetti abbastanza irascibili, non usi a farsi troppi scrupoli, laddove la caratteristica che tradizionalmente si associa al popolo è la mansuetudine, quella fotografata da Maupassant: "Gli si dice: «Divertiti», e si diverte. Gli si dice: «Vai a combattere il tuo vicino», e va a combattere. Gli si dice: «Vota per l'Imperatore», e vota per l'Imperatore. Poi gli si dice: «Vota per la Repubblica», e vota per la Repubblica".

Sulla carta è il popolo a decidere. In realtà, il popolo si limita a compiere una sola azione: inserire la scheda nell'urna. Ma il peso elettorale non si traduce in peso politico. Le decisioni, poi, vengono prese altrove. Gli eletti in parlamento possono decidere non solo contro il suo volere e i suoi interessi, ma anche contro la logica e ogni senso del ridicolo. Potrebbero pure, per assurdo, affermare che Ruby sia la nipote di Mubarak.

Al di là della retorica elettorale, dunque, della sovranità popolare, del popolo padrone del proprio destino, del voto come festa della democrazia, ecc., la verità è che nei fatti *democrazia* somiglia sempre più a una parola priva di senso, utile solo a fare da specchietto per le allodole.

Per essere padrone del proprio destino, il popolo dovrebbe possedere degli strumenti che nella maggior parte dei casi è ben lungi dal possedere. Non ha senso dire che il voto è libero, perché l'ignoranza e la stupidità sono sempre in catene, catene invisibili, ma non per questo meno pesanti. Né può considerarsi festa della democrazia quella nella quale c'è chi si vende il proprio voto per una banconota o chi è costretto a promettere il suo e quello di tutta la sua famiglia per un posto di lavoro, o chi tratta i voti a pacchetti, o chi li ottiene assicurando un milione di posti di lavoro, o sostenendo falsità, o facendo leva sulle paure della gente, ecc. Questa può essere chiamata in tanti modi, più o meno pittoreschi, ma non certo festa della democrazia.

«La verità è che la democrazia odierna è un'oligarchia».

L'affermazione è netta e per questo motivo è stata messa tra virgolette, ma a farla non è qualche *no-global* scalmanato o qualche paranoico complottista. No, a sostenere ciò è stato un ex presidente degli Stati Uniti, Jimmy Carter, che certamente non è l'ultimo arrivato, e se arriva a pronunciarsi in maniera così definitiva deve avere sufficienti elementi su cui basarsi. Probabilmente qualcuno in più di coloro che persistono nel difendere a oltranza un istituto ormai svuotato di ogni sostanza e significato.

Ma già quasi un secolo addietro Bertrand Russell aveva colto il limite di questo sistema. "Se Satana e Belzebù si presentassero come candidati ufficiali dei due schieramenti e l'arcangelo Gabriele li sfidasse come indipendente, l'arcangelo non avrebbe alcuna chance di essere eletto [...] il candidato indipendente non raccoglierebbe abbastanza fondi per pagarsi una campagna elettorale".

Il politologo Colin Crouch ha coniato il termine di postdemocrazia per indicare come nelle democrazie contemporanee il potere decisionale sia sempre più slegato dalle tradizionali regole democratiche a vantaggio di ristrette lobby transnazionali, in grado di condizionare le scelte degli eletti e di manipolare l'opinione pubblica attraverso i mass-media.

Dopo aver preso più volte Trump a esempio, concluderemo con la sua amministrazione, che rappresenta l'emblema di questo spettro totalitario che avanza in tutto il mondo. Oltre a essere la più ricca della storia, essa si distingue per aver aggregato intorno a sé le personalità più influenti del paese, perlopiù proprietari dei colossi tecnologici, nonché alcuni intellettuali sostenitori di ideologie antidemocratiche e suprematiste e di una sorta di integralismo tecno-religioso. Già detentori di un potere abnorme, che unisce una ricchezza smisurata a una tecnologia ormai in grado di controllare, prevedere e indirizzare ogni singola azione dei cittadini, hanno ottenuto anche il potere politico grazie al voto della maggioranza degli elettori, come se nella Francia prerivoluzionaria il terzo stato avesse di buon grado delegato la tutela dei propri interessi a nobili e clero.

Così, data la facilità con cui può essere manovrata, una moltitudine del tutto impreparata si rivela essere lo strumento migliore per assicurare la stabilità del potere di una ristretta oligarchia usa a operare al di fuori delle regole democratiche e che tali regole va di fatto cancellando laddove contrarie ai suoi interessi, riducendo la democrazia a un guscio vuoto. È un passaggio che sta avvenendo in maniera indolore, non lo notiamo nemmeno, e verosimilmente per qualche tempo continueremo a credere di vivere in una democrazia quando in realtà la democrazia sarà già morta da un pezzo.

Bibliografia dei testi citati

Italo Calvino, La giornata di uno scrutatore, Mondadori, 2023
Carlo M. Cipolla, Allegro ma non troppo, Il Mulino, 1988
Colin Crouch, Postdemocrazia, Laterza, 2005
Condorcet, Cinq mémoires sur l'instruction publique, OMBand D.E., 2024
Gustave Le Bon, Psicologia delle folle, TEA, 2004
Niccolò Machiavelli, Il principe, OMBand D.E., 2020
Platone, Contro la democrazia, Rizzoli, 2013
Jonh Stuart Mill, Sulla libertà, OMBand D.E., 2021
Bertrand Russell, Il trionfo della stupidità, Piano B, 2022
Kurt Andersen, Fantasyland, Random House, 2017
Edward Snowden, Errore di sistema, Longanesi, 2019

Indice

OMBand D.E.

1. Alberto Camì, *Breve matrimonio di Benito, e morte*
2. Enrico Quarto, *Le maschere*
3. Pavel I. Smirnov, *Il mio regno non è di questo mondo*
4. Enrico Quarto, *Il sogno del prete*
5. Giovanni Messina, *Elogio del paradosso*
6. Michel de Montaigne, *Il piacere di vivere*
7. Serena Bianchi, *Cliccare Obbedire Combattere*
8. Giovanni Messina, *I nove comandamenti*
9. Giovanni Messina, *Lo scrittore Heinrich*
10. Giovanni Messina, *Diario di una guerra quasi giusta*
11. Giovanni Messina, *Storia di un ristorante italiano in Cina*
12. *L'esprit* (Le più belle massime della letteratura francese)
13. François Rabelais, *Lode al debito*
14. Voltaire, *Dizionario filosofico (Selezione di brani)*
15. Enrico Quarto, *Diamanti*
16. Anatole France, *Nel giardino di Epicuro*
17. Duca de Saint-Simon, *Questa puttana mi farà morire*
18. Giovanni Messina, *Intervista alla Stupidità*
19. Giovanni Messina, *Delocalizziamo la vita*
20. Italo Svevo, *La novella del buon vecchio e della bella fanciulla*
21. Italo Svevo, *L'assassinio di via Belpoggio*
22. Octave Mirbeau, *La vacca picchiettata e altre strane storie*
23. Luigi Pirandello, *Così è (se vi pare)*
24. Luigi Pirandello, *Il berretto a sonagli*
25. Luigi Pirandello, *Il giuoco delle parti*
26. Luigi Pirandello, *Pensaci, Giacomino!*
27. Luigi Pirandello, *Liolà*
28. Carlo Goldoni, *La bottega del caffè*
29. Carlo Goldoni, *Le smanie per la villeggiatura*
30. *Le più belle poesie di Gabriele D'Annunzio*
31. Carlo Goldoni, *La Locandiera*
32. Italo Svevo, *Corto viaggio sentimentale*
33. Luigi Pirandello, *Tre atti unici*
34. Federigo Tozzi, *Con gli occhi chiusi*
35. Luigi Pirandello, *Sei personaggi in cerca d'autore*
36. Luigi Pirandello, *Uno, nessuno e centomila*
37. Luigi Pirandello, *Enrico IV*
38. Carlo Goldoni, *Il servitore di due padroni*
39. Dino Campana, *Canti Orfici*
40. Vittorio Alfieri, *Della tirannide*
41. Alessandro Manzoni, *Storia della colonna infame*
42. Luigi Pirandello, *Il fu Mattia Pascal*
43. Niccolò Machiavelli, *Mandragola*
44. Giacomo Leopardi, *Operette morali*
45. Pedro Calderón de la Barca, *La vita è sogno*
46. Italo Svevo, *Senilità*

47. Italo Svevo, *La coscienza di Zeno*
48. *Le più belle poesie d'amore di Torquato Tasso*
49. Niccolò Machiavelli, *Il Principe*
50. Giacomo Leopardi, *Pensieri*
51. Luigi Capuana, *Il marchese di Roccaverdina*
52. Grazia Deledda, *Canne al vento*
53. Dante Alighieri, *Vita nuova*
54. Giovanni Verga, *Storia di una capinera*
55. Giovanni Verga, *I Malavoglia*
56. Edmondo De Amicis, *Cuore*
57. Carlo Goldoni, *Il ventaglio*
58. Lev Tolstoj, *Sonata a Kreutzer*
59. Lev Tolstoj, *La morte di Ivan Il'ič*
60. Luigi Pirandello, *I quaderni di Serafino Gubbio operatore*
61. Giovanni Verga, *La Lupa*
62. Giovanni Verga, *Una peccatrice*
63. Emilio De Marchi, *Il cappello del prete*
64. Italo Svevo, *Una vita*
65. Federigo Tozzi, *Bestie*
66. Fëdor Dostoevskij, *Le notti bianche*
67. Edmondo De Amicis, *Amore e ginnastica*
68. Luigi Pirandello, *Questa sera si recita a soggetto*
69. Luigi Pirandello, *L'esclusa*
70. Grazia Deledda, *La madre*
71. Grazia Deledda, *Elias Portolu*
72. Arthur Schopenhauer, *Sul valore del giudizio degli altri*
73. Gabriele D'Annunzio, *Il fuoco*
74. Gabriele D'Annunzio, *Il piacere*
75. Giovanni Verga, *Eros*
76. Vittorio Alfieri, *Vita*
77. Vittorio Alfieri, *Mirra*
78. Gaetano Carlo Chelli, *L'eredità Ferramonti*
79. Matilde Serao, *Leggende napoletane*
80. Matilde Serao, *Il paese di Cuccagna*
81. Lev Tolstoj, *I racconti di Sebastopoli*
82. Federigo Tozzi, *Il podere*
83. Giovanni Verga, *Cavalleria rusticana*
84. Giovanni Verga, *Mastro-don Gesualdo*
85. Laurence Sterne, *Viaggio sentimentale*
86. Carlo Goldoni, *Il teatro comico*
87. Luigi Pirandello, *La favola del figlio cambiato*
88. Italo Svevo, *Una burla riuscita*
89. Matilde Serao, *Il ventre di Napoli*
90. Luigi Capuana, *Giacinta*
91. Ugo Foscolo, *Ultime lettere di Jacopo Ortis*
92. Søren Kierkegaard, *Diario del seduttore*
93. Giovanni Verga, *Eva*
94. Voltaire, *Candido*
95. Charles Dickens, *Canto di Natale*

96. Cesare Pavese, *Tra donne sole*
97. Cesare Pavese, *Dialoghi con Leucò*
98. Cesare Pavese, *La bella estate*
99. Cesare Pavese, *La luna e i falò*
100. Cesare Pavese, *Paesi tuoi*
101. Cesare Pavese, *La casa in collina*
102. Cesare Pavese, *Tutti i romanzi*
103. Luigi Pirandello, *I giganti della montagna*
104. Luigi Pirandello, *Il piacere dell'onestà*
105. Giovanni Verga, *Vita dei campi*
106. Arthur Schopenhauer, *La ricerca della felicità*
107. Cesare Beccaria, *Dei delitti e delle pene*
108. Iginio Ugo Tarchetti, *Fosca*
109. *Le più belle poesie di Trilussa*
110. Federigo Tozzi, *Tre croci*
111. Honoré de Balzac, *Papà Goriot*
112. Cesare Pavese, *Il carcere*
113. Giacomo Leopardi, *Canti*
114. Charles Baudelaire, *I fiori del male*
115. Aleksandr Puškin, *La dama di picche*
116. Antonio Pigafetta, *Relazione del primo viaggio intorno al mondo*
117. Grazia Deledda, *Marianna Sirca*
118. Luigi Pirandello, *Come tu mi vuoi*
119. Luigi Pirandello, *La nuova colonia*
120. Luigi Pirandello, *Lazzaro*
121. Cesare Pavese, *Il compagno*
122. Carlo Goldoni, *La vedova scaltra*
123. Carlo Goldoni, *La famiglia dell'antiquario*
124. Honoré de Balzac, *Eugénie Grandet*
125. Francesco Guicciardini, *Ricordi*
126. Cletto Arrighi, *La Scapigliatura e il 6 febbrajo*
127. Niccolò Machiavelli, *L'arte della guerra*
128. Giovanni Boccaccio, *Trattatello in laude di Dante*
129. Cesare Pavese, *La spiaggia*
130. Giovanni Della Casa, *Galateo*
131. Fëdor Dostoevskij, *Povera gente*
132. Karl Marx e Friedrich Engels, *Manifesto del Partito comunista*
133. Giovanni Verga, *Novelle rusticane*
134. Cesare Pavese, *Feria d'agosto*
135. Anonimo, *Il Novellino*
136. Salvatore Di Giacomo, *Mattinate napoletane*
137. Torquato Tasso, *Aminta*
138. Giovanni Pascoli, *Myricae*
139. Giovanni Pascoli, *Canti di Castelvecchio*
140. Erasmo da Rotterdam, *Elogio della follia*
141. Cesare Pavese, *Il diavolo sulle colline*
142. Giovanni Messina, *Abolire il suffragio universale*
143. Dino Compagni, *Cronica*
144. Vittorio Alfieri, *Saul*

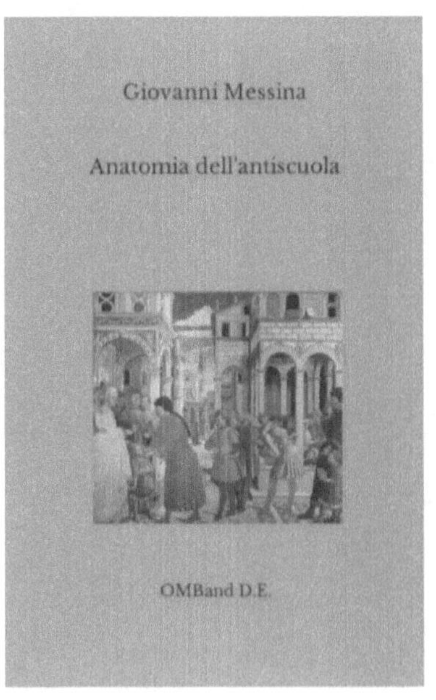

Sono passati più di cinquant'anni da quando Don Milani esprimeva nella sua Lettera ad una professoressa la richiesta di una scuola in linea col dettato costituzionale, nella quale cioè l'accesso all'istruzione non fosse condizionato dalla classe sociale di appartenenza, perché se non riesce a recuperare gli alunni più svantaggiati la scuola diventa come "un ospedale che cura i sani e respinge i malati". Eppure, ancora oggi, quello che le statistiche ci dicono è che chi nasce povero ha sempre più probabilità di rimanere tale per tutta la vita. La nostra scuola non riesce a essere luogo e occasione di riscatto sociale.
Seguendo le varie riforme e il conseguente profluvio di norme di questi ultimi decenni, il presente pamphlet si sofferma sulle molteplici contraddizioni e sui tanti paradossi di quella che ormai è diventata una vera e propria antiscuola: dalla diffusione di modelli pedagogici iperprotettivi e deresponsabilizzanti alla crescente burocratizzazione dell'insegnamento; dall'adozione del linguaggio e dei modelli dell'economia e del management, che snaturano sempre più l'identità dell'istituzione scolastica e non di rado sconfinano nel grottesco, alla mancanza di progettualità da parte della classe politica, con la conseguente tendenza a occuparsi di scuola solo in maniera estemporanea e propagandistica.

Se abbia ancora un senso distinguere destra e sinistra è stato uno dei temi centrali del dibattito politico contemporaneo, proceduto di pari passo a quella progressiva omologazione dell'offerta politica cui abbiamo assistito negli ultimi decenni. L'opinione oggi prevalente vuole che nel mondo nuovo della globalizzazione le ideologie non abbiano più ragion d'essere e che siano "ferri vecchi della storia così come chi ancora ne fa uso".

In questo libro, avvalendosi di un ampio supporto bibliografico e giornalistico, nonché di dettagliati riferimenti storici, l'autore contesta tale tesi, ritenendola l'asse portante di una narrazione funzionale alla difesa degli interessi dei grandi detentori di ricchezza e delle multinazionali. Sostenere la fine delle ideologie si rivela essere solo un modo per eliminare le idee di sinistra dal confronto politico, lasciando campo libero alle oligarchie dominanti, poiché la globalizzazione non ha segnato la fine della lotta di classe, bensì l'inizio di una nuova epoca nella quale essa viene combattuta da un lato soltanto, quello dei ricchi.

Non è che le idee di sinistra siano collassate su sé stesse perché ormai anacronistiche, sono scomparse dall'orizzonte politico perché private di rappresentanza. Questo è stato possibile grazie allo strapotere acquisito da quelle oligarchie, che, da una parte, condizionano e indirizzano le scelte politiche a loro favore, riducendo di fatto la democrazia a una scatola vuota, e, dall'altra, favoriscono l'affermazione di un pensiero unico che isola e soffoca ogni tesi che vada controcorrente.